Allan o'r Cysgodion

I fy nheulu

Diolch:

I Andrew Neil, Dic Lewis, Terry Hands
a Clint Eastwood am gredu yndda i fel actor.

Julian Lewis Jones

Allan o'r Cysgodion

gydag Alun Gibbard

Argraffiad cyntaf: 2014

Dymuna'r cyhoeddwyr gydnabod cymorth ariannol
Cyngor Llyfrau Cymru.

Llun y clawr: Craig Sugden Photography
Cynllun y clawr: Y Lolfa

Rhif Llyfr Rhyngwladol: 978 1 84771 726 9

Cyhoeddwyd, rhwymwyd ac argraffwyd yng Nghymru gan
Y Lolfa Cyf., Talybont, Ceredigion SY24 5HE
gwefan www.ylolfa.com
e-bost ylolfa@ylolfa.com
ffôn 01970 832 304
ffacs 832 782

1

'Wedi ei esgusodi rhag ymarfer corff'

ROEDD UN DRWS wedi cau a drws arall ar fin agor o 'mlaen. Roeddwn ar fin cymryd cam cyffrous i ddyfodol newydd, ac roeddwn ar dân isio gwneud hynny. Tu ôl i mi safai gwaith Aliwminiwm Môn, lle roeddwn wedi bod yn gweithio fel prentis ym maes trydan. Roeddwn ar fin ffarwelio efo'r hogia i gyd a mentro i fyd cwbl wahanol. Yn wir, i fyd cwbl ddieithr i mi. Roeddwn am fod yn MP. Na, nid yn aelod seneddol – go brin! Ond, yn hytrach, yn un o'r heddlu milwrol – y Military Police. Roedd yr antur yn apelio, yr holl syniad o weithio mewn tîm, o wynebu pob math o heriau mewn sefyllfaoedd digon cyffrous. Dyna pam, un dydd yn Aliwminiwm Môn, ynghanol shifft ddigon diflas, mae'n siŵr, y penderfynais drio cael fy nerbyn gan yr MPs.

Doedd dyddiau Aliwminiwm Môn ddim yn ddrwg i gyd, chwaith. Roedden nhw'n ddyddiau da, hyd yn oed os nad oedd hynny wastad oherwydd y gwaith ei hun. Roedd yn sicr wedi bod yn addysg bywyd gweithio efo hogia a dynion dipyn yn hŷn na mi a'r rheini o bob math o gefndiroedd. Digon difyr a lliwgar oedd y straeon glywais i yn y ffatri yna!

Doedd y ffordd a arweiniodd at Aliwminiwm Môn ddim yn un syth. Wnes i fethu â chael y brentisiaeth ar yr ymgais gynta, felly, i Goleg Technegol Bangor â fi i wneud cwrs trydanwr yn lle hynny. Y bwriad oedd trio eto am y brentisiaeth y flwyddyn ganlynol. Doedd dim byd i'w golli o wneud cwrs coleg yn y cyfamser. Mi wnes i'r cwrs blwyddyn, gan ddysgu am *circuit boards* a *capacitors* ac ati, ac yna daeth yr amser i drio am y brentisiaeth unwaith eto. Roeddwn yn llwyddiannus y tro hwn ac i ffwrdd â fi i Blas Menai am wythnos i ddechrau'r broses. Roedd yn gam pwysig i mi, go brin y byddwn i'n cael unrhyw fath o waith heb brentisiaeth! Felly, roeddwn yn teimlo'n ddigon cyffrous. Hynny yw, nes i mi ddeall bod y rhan fwya o flwyddyn gynta'r brentisiaeth yn digwydd 'nôl yn Tech Bangor, ac y byddwn yn ail-wneud bron yn union yr un peth ag a wnes i'r flwyddyn cynt! Diflas a rhwystredig tu hwnt! Cafodd hynny effaith ar fy agwedd tuag at yr holl brentisiaeth a dweud y gwir. Roedd yn anodd canolbwyntio wrth wneud rhywbeth yr ail waith a chollais lot o'r brwdfrydedd.

Ond o leia roedd yn gyfnod i ddod i nabod hogia newydd a mynd allan ym Mangor fel giang ganol wythnos efo fy mêts newydd. Chips neu Chinese amser cinio ym Mangor Ucha ac yna, gyda'r nos, allan i'r Octagon – a ddaeth yn ail gartre i ni!

Yna daeth yr amser i ddechrau rhan profiad gwaith y brentisiaeth yn Aliwminiwm Môn. Roeddwn wrth fy modd yn gweithio ar y seit. Yr adeg yna, roedd tua 1,000 o bobol yn cael eu cyflogi gan y cwmni ac roedd bod yn eu canol yn golygu bod yn rhaid i hogyn ifanc dwy ar bymtheg oed yr un fath â fi dyfu i fyny'n go gyflym. Roedd hefyd yn lle digon tyff oherwydd natur y gwaith wrth gwrs. Doedd dim prinder llwch na gwres llethol, a gallai fod yn lle digon budr ac afiach. Ond roedd y crac a'r hwyl yn arbennig!

Roeddwn dan ofal dyn o ardal Cemaes oedd yn smocio *rollies*. Ei enw yn y gwaith oedd Wyn 60. Mi gafodd yr enw yna am ei fod byth a hefyd yn cwyno bod y *supervisors* eraill yn cael *60 notes* yn fwy na fo! Roedd yn gwybod yn union ble roedd y cloc yn y gwaith, yn enwedig ar bnawn Gwener. Mi fyddan ni'n dau'n diflannu ryw hanner awr cyn diwedd y dydd swyddogol a hynny er mwyn mynd i gael paned efo'r hogia. Fel arfer, byddai Wyn 60 yn dweud bod angen mynd i weld hwn a hwn ar y safle yn rhywle. Wel, roedd yn lle mor fawr, on'd oedd? Roedd yn cymryd cryn dipyn o amser jyst i fynd o un pen i'r llall!

Roeddwn i a hogyn o Gaergybi o'r enw Paul Dundee yn cael hen ddigon o hwyl ar y certiau batri, yn rasio'n wyllt o gwmpas y ffatri, gan daro'r twmpathau cyflymder mor gyflym â phosib. Mi ddaw Paul Dundee 'nôl i'r stori nes 'mlaen.

Roedd y gwaith yn Aliwminiwm Môn yn hwyl. Roeddwn yn hoffi'r gwaith corfforol trwm oedd angen ei wneud hefyd. Roeddwn wrth fy modd yn mynd i ddal y bỳs i'r gwaith, tu allan i siop Guests yn Llangefni, a bod efo'r hogia. Dyna pryd wnes i dyfu o fod yn fachgen i fod yn ddyn. Ond roedd y sesiynau yn y coleg yn ddiflas dros ben. Doedd gen i ddim diddordeb mewn darluniau electroneg na dim byd tebyg. Mi ddaeth yn amlwg i mi nad oeddwn i'n debygol o wneud yn dda iawn os nad oedd gen i ddiddordeb yn yr hyn roeddwn yn ei wneud. Dim syndod, felly, i mi gael sawl galwad i swyddfa George Hughes a oedd yn gyfrifol am y prentisiaid. Digon yw dweud nad oedd yn fy ngalw er mwyn fy nghanmol!

Roedd angen ailystyried be oedd be felly. Yr unig ddihangfa oedd gen i rhag pwysau gwaith oedd codi pwysau a ffitrwydd yn gyffredinol. Roeddwn wedi dechrau cymryd diddordeb yn y pethau hynny mewn clwb yn Ysgol Gymuned Moelfre ac mi ddaethon nhw'n bwysig i mi. Prin iawn oedd unrhyw gyfleoedd gwaith eraill ar Ynys Môn pryd hynny, ac roedd y fyddin yn cynnig un yrfa bosib, i ni'r hogia'n enwedig. Roedd y diddordeb mewn ffitrwydd ac ati'n golygu ei fod yn opsiwn realisitig iawn i mi. Roeddwn wedi hen arfer clywed pobol yn dweud wrtha i y dylwn fod yn blisman oherwydd fy nhaldra. Ond at blismyn y gwasanaethau milwrol wnes i droi yn y diwedd, wedi sgwrs yn y Swyddfa Gyrfaoedd wrth ymyl yr hen Kwik's ym Mangor.

Mi ges gyfweliad a gwahanol brofion, gan gynnwys profion ffitrwydd, meddygol a gallu meddyliol a hynny i weld oeddwn yn gymwys i fod yn MP. Mi basiais bob un. Ces fy nerbyn i'r Snowdrops – am fod eu capiau'n wyn – ac mi ges ddyddiad i ddechrau. Rhaid oedd ffarwelio ag Aliwminiwm Môn a dod â'r brentisiaeth i ben cyn i mi gwblhau'r cwrs. A minnau'n aros am y dyddiad dechrau, ac yn edrych 'mlaen yn arw, ces alwad i fynd i Lundain ar gyfer prawf meddygol ychwanegol. Roedd angen prawf pelydr-x ar y frest, meddan nhw. Pasiais hwnnw hefyd. Ond, ymhen rhyw bythefnos, mi ddaeth llythyr. Er i mi basio pob dim meddygol, roeddwn yr hyn roedden nhw'n ei alw'n 'liability'. O ganlyniad, doeddwn i ddim yn cael ymuno â'r fyddin er mwyn bod yn blismon.

Dyna lle roeddwn, felly, yn sefyll rhwng dau ddrws caeëdig, un tu ôl i mi ac un oedd newydd gau yn fy ngwyneb. Roedd yn ergyd drom iawn i ddyn ifanc pedair ar bymtheg oed glywed bod ei iechyd yn peri problem wrth ystyried ei gyflogi. Yn enwedig i un oedd wedi ymgolli mewn codi pwysau a ffitrwydd ers sawl blwyddyn. Er i'r fyddin ddweud nad oedd problem o ran fy iechyd presennol, roedd fy hanes cynnar yn fy erbyn. Wrth gwrs, roeddwn i'n gwybod yn union am be oedden nhw'n sôn.

Plentyn gwan iawn oeddwn i. A minnau tua saith neu wyth oed, mi ddechreuais gael problemau efo fy mrest. Roeddwn yn mynd yn brin o anadl yn aml, a throdd hynny'n beswch cas. Dechreuais golli mwy a mwy o ysgol a bu'n rhaid mynd â fi i'r hen Ysbyty C & A ym Mangor i weld beth oedd yn bod go iawn. Doctor o Malta fu'n fy archwilio, ac yn cynnal pob math o brofion anadlu ac ati. Y diagnosis oedd bod gen i *bronchial asthma*.

Bob gaeaf, byddwn yn saff o gael annwyd a byddai hwnnw'n troi'n asthma gwael, a dyna fi i ffwrdd o'r ysgol am bythefnos ar y tro, bob tro. Roeddwn wedi troi o fod yn hogyn iach oedd wrth ei fodd yn chwarae yn y caeau a'r strydoedd, i fod yn un roedd angen cadw llygad gofalus arno. Roedd y peth lleia'n fy ngwneud i'n sâl. Pan fyddwn ar fy ngwaetha, byddai hyd yn oed anadlu yn y gwely gyda'r nos yn anodd i mi. Roedd hynny'n brofiad brawychus iawn i blentyn ac yn fy llenwi ag ofn. Roedd yn hawdd mynd i banic llwyr ac roedd hynny, wrth gwrs, yn gwneud yr anadlu'n waeth. Doedd hi ddim yn hawdd cysgu a gallai gwendid pellach ddatblygu oherwydd diffyg cwsg. Mae'n siŵr ei fod yn brofiad anodd iawn i fy rhieni hefyd, yn gorfod fy ngweld yn y fath gyflwr.

Byddai angen cael beth bynnag oedd yn casglu yn fy

ysgyfaint oddi yno. Ar yr adegau hynny, byddwn yn gorwedd ar fy mol yn y bore a phesychu neu ryw fath o gyfogi'r *mucus* a fyddai'n cronni tu mewn i mi i hen focs plastig hufen iâ. Mi ddaeth hynny'n ffordd o fyw i mi'n ifanc iawn, yn ddefod oedd yn rhan o batrwm bywyd bob dydd pan fyddwn adra'n sâl.

Fy athro yn Ysgol Goronwy Owen, Benllech, ar y pryd oedd Gareth Parry. Tipyn o rebel athro oedd o mewn ffordd, efo'i siaced ledr a'i glustdlws! I ni ar ddiwedd y 70au roedd fel rhyw fath o David Essex Cymraeg! Ond roedd yn athro arbennig. Os oedd o'n gweld bod gan un o'i ddisgyblion ddiddordeb mewn rhywbeth penodol, byddai'n gwneud ei orau i feithrin y diddordeb yna. Gwelodd fy mod wrth fy modd â byd natur, ac anifeiliaid yn benodol, ac mi wnaeth fy helpu efo'r diddordeb hwnnw drwy fy annog i ymddiddori yn fy hoff bethau. Roedd yn help mawr pan oeddwn yn sâl. Yn aml, byddwn yn yr ysgol am bythefnos ac yna'n colli ysgol am bythefnos, a 'mlaen fel'na drwy fisoedd hir y gaeaf. Byddai Gareth Parry yn ymweld â fi yn aml ac yn gwneud yn siŵr nad oeddwn yn colli gormod trwy ddod â gwaith dosbarth roeddwn i wedi ei golli i'r tŷ.

Fo hefyd ddechreuodd y gwersi rygbi yn yr ysgol. Roedd hi'n gêm newydd i ni ac mi wnes i gydio ynddi'n syth. Roeddwn yn dal, a phan oeddwn yn iach, roeddwn yn gallu rhedeg yn gyflym. Roedd un broblem. Doeddwn i ddim i fod i wneud unrhyw fath o chwaraeon o gwbl, am y byddwn yn colli 'ngwynt a hynny yn ei dro'n gallu arwain at annwyd – a gwaeth na hynny. Ond anodd iawn oedd rhwystro plentyn ar ddiwedd ei gyfnod yn yr ysgol gynradd rhag bod yn rhan o rywbeth. Yn enwedig rhywbeth newydd. Roedd rygbi'n grêt, ac roeddwn wrth fy modd hefyd yn tynnu rhaff. Yn fy adroddiad mae 'na gofnod swyddogol mai fi oedd tynnwr rhaff gorau'r ysgol!

Roedd chwaraeon yn gyfle i drio bod yn rhan o bethau ysgol roedd pawb arall yn rhan ohonyn nhw. Roedd Gareth Parry'n sicr yn athro oedd yn ysbrydoli ac mi wnaeth fy helpu gymaint ag oedd yn bosib iddo wneud. Ond y gwir amdani oedd bod yr afiechyd yn dylanwadu mwy a mwy ar fy mywyd wrth i mi agosáu at adael yr ysgol gynradd a symud i'r ysgol fawr. Yn ôl fy adroddiad ola yn Ysgol Goronwy Owen mi gollais hanner y flwyddyn ysgol oherwydd salwch.

Newidiodd pethau fawr ddim pan ddaeth y dydd i ddal y bỳs yna o bentra Brynteg i Ysgol Syr Thomas Jones. Yn fy adroddiad cynta roedd y neges yn glir wrth ymyl un pwnc – 'wedi ei esgusodi rhag ymarfer corff.' Roedd yn rhaid i mi gario nodyn drwy'r amser i brofi bod hynny'n wir, rhag ofn nad oedd yr athro arferol efo ni. Yn anffodus, roedd yr un sefyllfa'n union yn bodoli ym mlwyddyn dau hefyd. Roedd hynny'n beth mawr i mi. Nid diffyg diddordeb oedd o. Mi fyddai wedi bod yn haws o lawer petai hynny'n wir.

Doeddwn i ddim yn hogyn hyderus a digon swil oeddwn i mewn cwmni, yn hogia ac yn ferchaid. Pobol eraill oedd yr arwyr, ym myd chwaraeon a phob byd arall roeddwn yn dod ar eu traws. Nid y fi oedd yr un yn y canol. Ond mi wnaeth y salwch hynny'n ganwaith gwaeth. Mi fwriodd hynny o hyder oedd gen i. Doedd colli cymaint o ysgol ddim yn mynd i fy helpu i fwrw fy swildod am fy mod yn teimlo'n fwyfwy ynysig. Gwaethygodd y teimlad yna wrth symud i ysgol fwy. Roedd 'na fwy o blant wrth gwrs. Mwy o blant oedd am wneud sbort am fy mhen. Er mwyn osgoi bod yn destun sylwadau angharedig rhai o'r plant eraill, mi wnes i drio sawl tro gymryd rhan mewn rhyw weithgaredd ymarfer corff neu'i gilydd. Ond methiant llwyr fu'r ymdrechion a byddwn yn brwydro i anadlu o fewn munudau.

Roeddwn am ddatblygu diddordeb mewn athletau am fy mod yn gallu rhedeg yn gyflym, ond methiant fu hynny. Mi rydw i'n cofio rhoi cynnig ar bêl-droed ryw dro. Roedd gen i dri ffrind, efeilliaid a hogyn o'r enw Arthur Humphreys, ac mi drefnon ni gyfarfod un bore am gêm. Ond, yn anffodus, roedd hyn ar fore yn y gaeaf pan oedd yr aer yn denau iawn. Mi driais redeg i gadw i fyny efo nhw, ond doedd dim gobaith. Roeddwn allan o wynt ac yn stryglan go iawn. Mae fy nghof yn llawn digwyddiadau tebyg oedd yn fy atgoffa dro ar ôl tro fel plentyn o'r hyn nad oeddwn yn gallu ei wneud. Mae gorfod derbyn rhywbeth fel'na'n gythraul o job i hogyn ifanc sydd am wneud yr hyn mae'r hogia eraill yn ei wneud.

Heb os, y gwersi ymarfer corff oedd yr un man, yn fwy nag unrhyw fan arall, lle roedd y teimlad o fod wedi fy ynysu, a'r teimlad o fod yn wahanol i bawb arall, ar eu gwaetha. Roedd yn rhaid i mi sefyll ar yr ymylon efo'r rhai heb unrhyw ddiddordeb o gwbl mewn chwaraeon, y rhai diog, y rhai oedd wedi 'anghofio' eu cit, y rhai oedd yn gallu dwyn perswâd ar eu rhieni i sgwennu nodyn yn cynnig esgus pitw dros absenoldeb eu plentyn o'r wers ymarfer corff. Ond doeddwn i ddim fel nhw. Roeddwn i yn yr un lle â nhw ond ddim am yr un rheswm. Os oedd y gwersi yng nghampfa'r ysgol, roedd yn rhaid eistedd tu ôl i'r *wall bars* ar y *radiators*, lle poeth ac anghysurus. Ond yn waeth na'r gwres roedd teimlad cryf ein bod wedi cael ein rhoi yno 'allan o'r ffordd'. Mae'r atgofion yna'n fyw iawn i mi hyd heddiw. Teimlad chwithig iawn yw cael eich eithrio am fod yn sâl, yn enwedig pan mae plant eraill yn sôn amdanoch gan ddweud pethau fel 'dyna Julian, mae o'n sâl.'

Roedd y cyfan yn cnoi i fewn i'r hyder ac yn effeithio ar y ffordd roeddwn yn cerdded hyd yn oed. Byddai'r sgwyddau'n gostwng wrth i mi geisio gwneud i'r corff ddiflannu i mewn iddo'i hun fel na fyddai neb yn sylwi arna i. Roeddwn yn y cysgodion go iawn a dweud y gwir.

Ond fel mae dechrau'r bennod yn awgrymu, mi ddois i o'r man hwnnw wrth i mi fynd yn hŷn ac i'r salwch ddechrau cilio. Erbyn fy mod yn un ar bymtheg roedd y salwch wedi mynd i bob pwrpas a minnau'n gallu cario 'mlaen â bywyd a diddordebau yr un fath â phawb arall yr un oed â fi. Yn naturiol ddigon, roedd diddordeb mewn ffitrwydd yn gam amlwg yn fy ymdrech i wella corff oedd wedi dioddda cymaint o salwch. Ond er i mi ddatblygu fy nghorff i fod yn un go solad a ffit a dod i fan lle nad oedd gwaith caled, corfforol Aliwminiwm Môn yn poeni dim arna i, ac er i mi basio prawf meddygol y fyddin i fod yn MP, a hwythau'n gwybod am fy salwch ers y cychwyn, doedden nhw ddim am fentro arna i. Roedd hynny'n arwydd clir a chynnar y byddai'r salwch yn dylanwadu ar fy mywyd am gyfnod wedi i'r symptomau corfforol ddiflannu. Mi wnaeth hynny chwarae ar fy meddwl rywfaint mae'n rhaid dweud, ac ambell ofn yn codi y byddai'r effaith yno am byth. Daeth un peth yn amlwg, roedd yn rhaid meddwl am ffordd arall i symud fy mywyd yn ei flaen, i gamu ymhellach o'r cysgodion.

2

Codi pac
a chodi pwysau

Y CAM CYNTA oedd dal bỳs Crosville. Felly, ffwrdd â fi dros Bont Menai ac ar daith ar hyd canolfannau gwaith Gwynedd. Doedd 'na fawr o gyfle i gael gwaith ar yr ynys mewn gwirionedd. Roedd ambell job yn lladd-dy Halal, Gaerwen, ond roeddwn i'r grefydd anghywir i weithio yno. Doedden nhw ddim isio hogyn Ysgol Sul! Roedd un job yn y ffatri bysgod yng Nghaergybi. A dyna ni mewn gwirionedd. Roedd gofyn mynd ymhellach i gael gwaith. Mwy o gyfle ar y tir mawr, mwy o swyddi. Dyna roeddwn i'n ei feddwl beth bynnag. Doeddwn i ddim wedi pasio fy mhrawf gyrru, felly bỳs amdani. Mi es i bob man lle roedd 'na ganolfan waith a deall yn ddigon sydyn nad oedd mwy o gyfleon ar y tir mawr wedi'r cyfan.

Ac yna un dydd, a minnau yn Llandudno, gwelais swydd. Roedd angen dyn diogelwch. Yn Reading. Dipyn pellach i ffwrdd nag unrhyw daith ar un o fysys Crosville, ac yn sicr dipyn pellach nag oeddwn i wedi bod oddi cartra yn fy mywyd. Cwmni Reliant Security oedd isio swyddogion diogelwch ac roedden nhw'n cynnig £1.90 yr awr am wythnos 60 awr. Mi drefnais gyfweliad a ffwrdd â fi o stesion Bangor i lawr i Reading. Roeddwn i fod i fynd gan ddisgwyl dechrau gweithio'n syth petai'r cyfweliad yn llwyddiannus, felly roedd fy mag gen i hefyd, yn llawn popeth oedd ei angen i fyw yn Reading. Wedi cyrraedd, ffeindiais fy hun mewn stafell ddosbarth yn llawn o bobol fel fi yn chwilio am swydd. Roedd gofyn i ni i gyd wneud profion amrywiol a chredwch chi fi, doedden nhw ddim yn anodd!

Mi basiais y cyfweliad ac roeddwn i fod i ddechrau gweithio y diwrnod canlynol. Roedd ganddyn nhw lefydd posib i ni aros ac roedd y cwmni'n cymryd pris y lojin allan o'r cyflog. Felly, o gyflog wythnos o tua £120 roedden nhw'n cymryd £45. Roedd fy 'nghartre' newydd yn dŷ ar Bath Road, Reading, lle roedd 13 ohonan ni'n byw, tri i bob stafell. Mi es, felly, o fyw adra efo'r teulu i fyw efo dau foi doeddwn i erioed wedi eu cyfarfod o'r blaen.

Roedd y tŷ yr ochr draw i res o siopau, gan gynnwys Happy Shopper, oedd yn ddigon handi. Yno hefyd roedd 'na fan kebabs oedd hyd yn oed yn fwy handi. Os oedd angen bwyd poeth dyna lle roedden ni'n mynd, at y ddau foi o Dwrci oedd yn rhedeg y busnes, un ohonyn nhw'n focsar ac yn llawer rhy fawr i'r fan – roedd yn rhaid iddo blygu yn ei hanner i werthu cig!

Y gwaith roddwyd i mi oedd bod yn gyfrifol am shifft ddiogelwch yn yr NEC Warehouse. Wedi'r hyfforddiant byrra posib, a derbyn iwnifform las ffiaidd, draw â fi i ddiogelu'r warws enfawr yma! Roedd y shifft nos yn dechrau am saith ac yn gorffen am saith y bore wedyn. Wedi i'r gweithwyr fynd adra, roedd gofyn i mi gerdded rownd y warws ar fy mhen fy hun. Er mwyn i'r cwmni wybod fy mod yn gwneud fy ngwaith, roedd angen clocio i fewn i beiriannau gwahanol ar hyd y warws ar amseroedd penodol. Siŵr eu bod nhw'n amau mai cysgu drwy'r nos fyddwn i fel arall. Ar y shifft ddydd, roeddwn fel arfer ar y giât yn gadael pobol i fewn ac allan.

Os oedd y gwaith yn ddiflas tu hwnt, doedd hi ddim yn hawdd byw yn y lojins chwaith. Roedd nifer o'r hogia o Hwlffordd, nid bod unrhyw beth o'i le ar hynny wrth gwrs. Roedd yn braf cael Cymry yn gwmni. Ond roedd un ohonyn nhw'n foi anferth ac o fewn dim amser roedd o wedi malu'r rhan fwya o'r dodrefn dim ond drwy eistedd arnyn nhw! Mi aeth hynny tu hwnt i jôc yn ddigon cyflym. Wedyn, dechreuodd y mân gecru ynglŷn â phwy oedd wedi dwyn cereals pwy ac ati. Roedd hynny'n boen go iawn. Ac yna, roedd Damian, boi oedd yn meddwl amdano'i hun fel Bruce Lee, ond mewn gwirionedd roedd o'n debycach i Walter Mitty. Roedd yn rhaffu straeon am y dyddiau pan oedd o'n gwneud hyn a hyn mewn rhyw ffilm neu'i gilydd. Siarad drwy ei din oedd o wrth gwrs.

Ynghanol hyn i gyd, mi wnaeth y cwmni ofyn oeddwn i isio cyfle i ennill ychydig mwy o bres. Wel, doedd dim opsiwn, roedd rhaid cael peth o rywle. Canlyniad hyn oll oedd 'mod i'n gweithio hyd at 100 awr yr wythnos yn mynd i fannau eraill dan ofal Reliant. Mi es i Slough un tro i ganolfan fwyd Marks & Spencer, gan fod gwersyll sipsiwn wedi setlo yr ochr draw i ffens y ffatri. Roedd angen rhywun i gerdded ar batrôl o amgylch y ffens. Mi es hefyd i edrych ar ôl gorsaf fysys Newbury am fod rhywun wedi cymryd ffansi at losgi rhai o'r bysys. Fy 'swyddfa' oedd sied yng nghornel yr orsaf ac roedd gen i *generator* fy hun ar gyfer golau a gwres. Roedd gofyn i mi lenwi'r *jenny* efo petrol o bryd i'w gilydd. Handi iawn i *arsonist*, bod cyflenwad ychwanegol o betrol ar gael ar y safle! Dyna lle roeddwn ar fy mhen fy hun, heb wn na phastwn i amddiffyn fy hun petai'r llosgwr yn tanio. Byddai ci wedi bod yn help!

Roedd gwir angen dihangfa o hyn i gyd. Roedd yn job ych a fi! Roeddwn wedi dechrau gwneud pethau gwirion fel gadael y warws neu'r ffatri roeddwn i fod i'w gwarchod, cloi'r gatiau a mynd i'r garej agosa er mwyn prynu *pastie* neu rywbeth tebyg. Un tro, mi gyrhaeddais 'nôl jyst cyn i'r bòs ddod i jecio arna i. Doeddwn i ddim yn hapus yno o gwbl. Ond oedd 'na ddihangfa? Roedd gen i un ffordd mewn golwg. Cyn gadael am Reading, a minnau'n byw adra ac yn chwilio am waith, mi es ar gwrs dau benwythnos yn Bolton i ddysgu bod yn hyfforddwr ffitrwydd. Prin oedd y cyfleon i wneud unrhyw beth tebyg i hynny adra, doedd o ddim hanner mor boblogaidd ag y mae o heddiw. Ond tybed, fan hyn yn Reading, oedd mwy o gyfleoedd? Neu, beth am Lundain, y ddinas i lawr y lôn? Ella y byddai mwy o gyfle yn fan'no. Pacio fy mag amdani, felly, a ffwrdd â fi yr un fath â Dick Whittington i'r ddinas fawr.

Cael lle i aros oedd y cam cynta, wrth gwrs, ac mi ges i rywle'n eitha handi. Lle *dodgy* uffernol! Ar ôl bod allan am ychydig es adra ac roedd 'na foi arall yn fy stafell. Yn amlwg roedd y perchennog wedi anghofio dweud wrtha i fod yn rhaid i mi rannu efo rhywun arall. Allan â fi o fan'na'n ddigon cyflym. Ces le wedyn yn yr Highbury Hotel, wrth ymyl stadiwm pêl-droed Arsenal, a bwciais stafell am wythnos. Roeddwn yn rhannu eto, ond roedd y lle hwn dipyn gwell na'r lle arall. Joe oedd enw'r boi roeddwn yn rhannu efo fo, hogyn o Glasgow, alcoholig yn ei saithdegau. Ond des i ddeall yn ddigon buan fod y lle hwn yn profi'r defnydd o'r gair *hotel* i'r eitha. Yn un peth, roedd cysgu'r nos yn broblem am nad oedd mewn gwirionedd yn ddim mwy na *doss-house* yn llawn meddwon a'r digartre yn gweiddi, cablu a checru'n ddi-stop ar hyd y coridorau. Wrth fynd i gael brecwast roedd gofyn camu dros gyrff amrywiol mewn pob math o stad.

Cael gwaith oedd y cam nesa ac roedd angen gwneud gwaith ymchwil. Roedd hynny'n hawdd. I mewn â fi i giosg ffôn a rhwygo'r tudalennau *Yellow Pages* oedd yn llawn manylion *gyms* y ddinas. Mi addewais y byddwn yn ymweld â phob *gym* oedd ar y tudalennau nes i mi gael job gan un ohonyn nhw. Bob bore, felly, byddwn yn codi, gwisgo crys a thei a cherdded o un *gym* i'r llall ar hyd Llundain. Dw i'n cofio mynd i Haverstock Hill, Cannons yn Cannon Street, Tower Bridge a lawr i'r Docia. Doedd gen i ddim profiad o gwbl i'w gynnig i neb. Y cyfan oedd gen i oedd dwy dystysgrif ges i ar y cwrs yn Bolton. Mi ddaeth yn ddydd Gwener wythnos y chwilio. Os na fyddwn i'n cael job y diwrnod hwnnw, mynd 'nôl i Sir Fôn fyddai fy hanes â 'nghynffon yn sownd rhwng fy nghoesa. Yn y bore, dywedodd yr hen Joe wrtha i yn ei acen Glasgow gref, 'You're gonay git a job today, Julian, you're gonay git a job!' 'Thanks Joe,' medda fi'n ddigon diamynedd a ffwrdd â fi 'nôl allan i'r ddinas. I'r canol es i'r diwrnod hwnnw, i Bond Street. A do, mi fentrodd rhywun arna i a chynnig job. Joban arian parod, ond joban!

Mi ges le newydd i aros ar yr Isle of Dogs, stafell mewn tŷ oedd yn cael ei gadw gan foi roeddwn yn cyfeirio ato fel *religious nut* cyn pen dim. Roedd boi arall yn aros yno – Ian o Ddulyn – boi neis iawn oedd o, diolch byth, ac roedd yn gweithio yn y Ddinas. Felly buodd hi am gyfnod, cyfnod digon sefydlog a dweud y gwir, hyd yn oed os oeddwn i'n gweithio oriau stiwpid. Yng nghefn fy meddwl roedd 'na awydd cryf i weithio yn Gold's Gym. Dyna'r pinacl i unrhyw hyfforddwr ffitrwydd. 'Y' lle i weithio ynddo. Mae ganddyn nhw *gyms* mewn gwledydd drwy'r byd, gan gynnwys Llundain. Efo ychydig o brofiad tu cefn i mi, felly, mi fentrais i Gold's Llundain. Ac mi ges i waith ganddyn nhw!

Doedd dim amdani, felly, ond gweithio dwy shifft. Un yn Bond Street a'r llall yn Gold's. Llnau'r cawodydd a'r *gym* ei hun roeddwn i'n ei wneud am gyfnod. Ac, yna, ar ddiwedd diwrnod hir iawn, a *bleach* ar fy nwylo a fy *joggers* yn aml, dal y bỳs nos adra o Trafalgar Square yng nghwmni pobol parti a meddwon. Er mwyn bod ychydig agosach at y ddau le gwaith, mi ges fflat cyngor ar Jamaica Road, Bermondsey. Roedd cerdded i'r gwaith wedyn yn golygu cerdded ar draws Tower Bridge, ar ôl codi am hanner awr wedi pump y bore. Yn y *gym* erbyn chwarter i saith, a dechrau trwy llnau'r stepiau oedd yn blastr o fudreddi a gwastraff y meddwon a'r yfwyr a fu'n cerdded heibio'r noson cynt. Roedd y diwrnod gwaith yn gorffen wedyn am un ar ddeg y nos. O leia roedd o'n gyfle i hel ychydig o bres am nad oedd fawr ddim amser i'w wario!

Un o fy hoff fannau bwyta yn y cyfnod yna oedd lle o'r enw Wonky's, bwyty Tsieineaidd tri neu bedwar llawr ar Wardour Street. Mae yno o hyd a dw i'n dal i fynd pan fydda i yn Llundain. Yr arwydd gorau o safon y lle yw bod llwythi o bobol Tsieineaidd yn bwyta yno. Pan oeddwn yn gweithio yn y *gyms*, roedd modd cael platiaid o fwyd poeth am £1.70. *Beef and Tomato Rice. Mixed Meat and Vegetables. Singapore Fried Noodles.* Dw i'n eu cofio nhw'n dda! Roeddwn yno bob dydd, bron â bod, ac mi ddes i nabod y fwydlen ar fy nghof yn y diwedd.

Roedd gweithio mewn *gym* yn gyfle hefyd i ddod i nabod lot o bobol wrth gwrs. Roedden nhw'n gwsmeriaid cyson oedd yn ymweld yn rheolaidd. Bownsars oedd lot ohonyn nhw, a nifer o bobol 'o ochr arall y tracs' os liciwch chi, ac ochr arall y gyfraith yn aml hefyd. Pobol y cysgodion oedd nifer o'r rhain ac roedd datblygu'r corff yn rhan o ofynion eu ffordd o fyw. Mi wnes i gwrdd â Lenny McLean, brenin y bocswyr didrwydded a'r un sy'n cael ei alw'n 'The Guv'nor' yn y llyfr am hanes ei fywyd. Y noson wnes i gwrdd ag o, roeddwn i a bachgen o'r enw Justin o Dde'r Affrig wedi cael mynd mewn Jag efo Tayo Coker a Mick Theo i weithio ar ddrws *rave* mewn warws. Ond cafodd y *rave* ei ganslo ar y funud ola ac felly dyma ni'n mynd i hel dyledion. Tipyn o brofiad! Gan nad oeddwn ynghlwm â'i ffordd o fyw, ac yn gallu edrych arno o'r tu allan, mae'n rhaid dweud ei fod yn ddiddorol dros ben cael cip ar y fath fyd.

Mi wnes i ddweud bod Gold's Gyms mewn sawl gwlad dros y byd. Yn naturiol ddigon mae hynny'n cynnwys America. Dyna oedd y freuddwyd fawr. Mynd i weithio yn yr Unol Daleithiau. Felly, dyma ddechrau sgwennu atyn nhw tra oeddwn i'n gweithio i'r cwmni yn Llundain. Heb os, roedd hynny'n gyfle rhy euraidd i'w golli. Erbyn hynny, roedd gen i gymwysterau a phrofiad. Sgwennais at sawl Gold's yn America a chael ateb cadarnhaol gan yr un yn Oceanside, Califfornia. Sais oedd yn gyfrifol am redeg y *gym*, ond roedd wedi bod yno ers rhai blynyddoedd. Dw i'n credu iddo uniaethu rhywfaint â fi am fod stori'r ddau ohonan ni'n go debyg. Dywedodd ei fod yn barod i fy noddi i weithio yng Nghaliffornia. Roedd hynny'n ddigon o hwb i mi adael y lojins i fynd yn Llundain a dechrau trefnu i groesi'r Iwerydd. Doeddwn i erioed yn un da am beidio â chau un drws nes i un arall agor, fel 'dach chi wedi deall erbyn hyn mae'n siŵr! Mi wnes adael y lle byw cyn gallu gorffen efo'r gwaith yn iawn. Felly, a hithau'n fis Ionawr, roeddwn yn ddigartre. Roedd gen i job, ond dim lle i fyw!

Doedd dim amdani ond cysgu yn y *gym*. Syml. Roedd hen ddigon o le yno a fyddwn i byth yn hwyr i'r gwaith. Mae'r hyn wnes i er mwyn gallu cysgu yno damaid bach yn nyts a dweud y gwir! Roedd un broblem, doedd dim gwres yn y *gym* er ei bod yn fis Ionawr. Byddwn i wedi rhewi bob nos. Ar ben hynny, mae *gym* yn lle llawn haearn: haearn oeraidd, caled sy'n denu oerni pellach. Roedd un ateb, un ffordd o gadw'n gynnes – cysgu ar y gwely haul. Wedi cau'r *gym*, roeddwn yn rhoi'r gwely haul ymlaen a rhoi sach gysgu ar y gwely. I mewn â fi i'r sach gysgu, gan adael y gwely haul ymlaen am ychydig ac yna ei ddiffodd wedi i mi gynhesu. Ond, wrth gwrs, roeddwn yn cysgu ar wydr! Wedi tair wythnos o gysgu fel'na, roedd fy nghefn a fy ngwddw yn brifo'n ofnadwy.

Diolch byth na pharodd hynny ddiwrnod yn hirach nag y gwnaeth a 'nôl â fi wedyn at y teulu ar Ynys Môn. Dyna lle byddwn i am gyfnod cyn hel fy mhac unwaith eto a mentro i Mecca'r codwyr pwysau a'r addolwyr haul a chyhyrau draw yng Nghaliffornia bell.

3

Bachu ar ddiddordeb newydd

IA, ROEDDWN 'NÔL efo'r teulu yng Ngwlad y Medra. Dyma gyfle i mi sôn ychydig rŵan amdanyn nhw a'r man lle dois i'r byd 'ma yn y lle cynta, cyn sôn am fy hanes yn y Stêts. Ym mhentra Brynteg (neu Rhosfawr i roi'r enw gwreiddiol) ces i fy ngeni, heb fod yn bell o Benllech. Pentra bach digon gwledig oedd o'r adeg hynny a dyna ydy o heddiw hefyd. Mae yna gapel, Capel Soar, oedd yn lle pwysig ym mywyd yr ardal ac yn fy mywyd i yn blentyn hefyd. Roedd rhaid mynd i'r Ysgol Sul bob dydd Sul ac roedd Mam hefyd yn disgwyl i mi a fy chwaer fynd i un oedfa gapel arall, naill ai un o oedfaon y Sul neu un o'r cyfarfodydd canol wythnos. Nid y peth mwya cyffrous i blentyn, ond mi wnes i fynd. Roedd yr Ysgol Sul yn ddigon derbyniol a dweud y gwir. Fy athrawes gynta oedd Anti Ann, neu Ann Brynteg i oedolion y pentra. Tipyn o gymeriad oedd Anti Ann, dynas ddibriod oedd yn rhedeg siop y pentra. Yr abwyd i fynd i'r Ysgol Sul oedd y pethau da o'r siop roedd hi'n eu rhoi i ni'r plant. Roedd yn sicr yn gweithio i'n cadw ni'n hapus! Roedd y capel yn chwarae rhan amlwg yn ein bywyd fel teulu, Mam yn aelod selog a Dad yn flaenor. Doedd Dad ddim yn orawyddus i gymryd y fath gyfrifoldeb dw i ddim yn credu. Dydy o ddim yn foi cyhoeddus o gwbl. Ond mi wnaeth, er mwyn plesio Mam, chwarae teg iddo!

Yn siop Anti Ann roedd y Swyddfa Bost hefyd. Ar ben hyn roedd 'na fecws a garej wledig. Ac yna roedd y dafarn... Daeth un o ddynion yr ardal 'nôl o'r rhuthr mawr am aur yn nhalaith

Califfornia yn y ganrif cyn y ddiwetha. Mi agorodd o dafarn a'r Califfornia oedd ei henw. A dyna Frynteg i chi!

Mae'r tir sy'n union drws nesa i fynwent Soar, rhan newydd y fynwent hynny yw, yn dir a oedd yn eiddo i'n teulu ni. Ces fy ngeni yn Ysbyty Dewi Sant, Bangor, sy'n fy ngwneud yn 'Bangor lad' mewn ffordd mae'n siŵr! Ond roeddwn 'nôl dros y Bont cyn gynted ag yr oedd hynny'n bosib a ches fy magu yn hen dŷ fferm Storws Wen, sef y fferm lle magwyd fy mam. Dyna lle roedd Nain a Taid yn ffermio, er na wnes i gwrdd â Taid erioed gan iddo farw pan oedd fy mam yn ferch ysgol 17 oed. Pan ges fy ngeni roedd Nain yn byw yn Storws. Hefyd yn byw yn Storws roedd brawd fy nhaid, sef Yncl Wil, a oedd wedi cael llety yno ers iddo fod yn ŵr gweddw ar ôl colli ei wraig yn ddyn ifanc. Roedd o'n ddyn sgwâr a chryf a chanddo wddf mawr a dwylo mwy. Fe aeth o ar y môr yn bedair ar ddeg oed ac roedd ganddo datŵs angorau ar ei freichiau. Fy atgof cyntaf yw mynd i hel wyau un tro efo Yncl Wil. A phan oeddwn i tua saith oed, mi ddisgynnodd a thorri ei glun a dw i'n cofio ei weld mewn cryn dipyn o boen yn yr ysbyty. Bu farw pan oeddwn yn wyth oed.

Hen gapten llong oedd yn arfer bod yn berchen ar Storws. Yn y dyddiau cynnar, roedd fy nhaid a fy nain yn rhentu'r fferm 60 erw ganddo fo fel ffermwyr-denantiaid. Ond mi wnaethon nhw arbed digon o bres i brynu'r lle eu hunain a nhw oedd pia'r cyfan wedyn. Wedi priodi, roedd Mam a'i gŵr wedi mynd i fyw at ei mam hi yn Storws. Roedd gan fy nhad gysylltiad â'r môr hefyd gan iddo fod yn brif drydanwr efo'r Llynges Fasnachol ar longau Cunard Brocklebank yn ystod y pumdegau a'r chwedegau. Gadawodd y llynges tua blwyddyn cyn i mi gael fy ngeni a dod 'nôl i weithio ar Ynys Môn. Ond cyn i fy chwaer Anna gael ei geni, ac mae hi dair blynedd yn fengach na fi, roedd Mam a Dad wedi adeiladu byngalo iddyn nhw'u hunain yn un o gaeau Storws ac yn Hafod y Rhos y gwnes i a fy chwaer fwynhau ein plentyndod. Dydw i ddim yn cofio fawr ddim am fywyd yn Storws a dweud y gwir, atgofion Hafod y Rhos yw fy rhai i.

Doedd fy rhieni ddim yn ffermwyr. Wedi i fy nhaid farw, mi wnaeth Nain osod y tir i ffermwyr lleol. Ac wrth iddi hithau heneiddio, mi ddaeth i fyw efo ni yn y byngalo, gan adael Storws yn wag. Felly, mi ges fy nghodi ar dir fferm os nad mewn tŷ fferm. Roedd Mam yn athrawes a fu'n dysgu yn Llundain ac ar Ynys Môn. Pan ddaeth yn amser i mi ddechrau fy addysg, i'r ysgol feithrin yn Neuadd Goronwy Owen, Tynygongl, yr es i, wedyn i Ysgol Goronwy Owen, Benllech. Mi ges blentyndod hapus iawn a dweud y gwir, a magwraeth dda iawn hefyd. Roeddwn yn mwynhau bywyd cefn gwlad a byd natur, a byd anifeiliaid yn benodol, ac yn ddigon ffodus eu bod o fy nghwmpas ymhob man.

Doedd dim prinder hogia yr un oed â mi i chwarae efo nhw mewn pentra fel'na chwaith, plant yr un fath â Glyn ac Iwan, plant Glyn Tŷ'r Ardd, dyn oedd yn gymeriad go iawn yn y pentra. Treuliais i lot fawr o amser yn eu tŷ nhw. Roedd Robert Wyn, sy'n ffermwr erbyn hyn, yn cael ei nabod fel Stid. Roedd gan Paul Jones enw arall hefyd, sef Lish. Roedd ei wallt o mor ddu, roedd fel polish. Felly trodd 'polish' yn 'lish' a dyna'i enw hyd heddiw. Pan fyddai'r salwch yn fy hitio o ddifri byddai'n effeithio ar fy ngallu i chwarae efo hogia fath â'r rhain. Yn sicr roedd hynny'n golled i mi.

Sôn am fyd natur, mi ddois ar draws un brid newydd wrth i mi droi'n un ar ddeg oed. Dyna pryd des i ar draws y fath beth â *townies*. Yn Ysgol Syr Thomas Jones, Amlwch, roedden nhw ac o dref Amlwch roedden nhw'n dod.

Roedd mynd i'r ysgol honno yn dipyn o gam i mi. Oherwydd mod i'n mynd o bentra bach, ac yn rhan o giang bach o ffrindiau agos, ac yn enwedig oherwydd mod i'n sâl pan oedd angen cymryd y cam hwn, roedd angen mwy o hyder nag oedd gen i i sicrhau y byddai symud ysgol yn rhywbeth digon hwylus. Wedi dal y bỳs ysgol ym Mrynteg, roedd 'na daith igam ogam trwy gefn gwlad o'n blaenau a byddwn ni'n galw mewn mannau fath â Maenaddwyn, Mynydd Bodafon, heibio Llannerch-y-medd, trwy Parc, Pen-y-sarn ac ati. Hynny yw, i'r rhai ohonach sydd ddim yn gyfarwydd â Gwlad y Medra, reit ar hyd y lonydd cefn, ynghanol y wlad go iawn. Roedd felly'n cymryd tipyn o amser i fynd i'r ysgol. Roedden ni'n llond bỳs o blant y wlad fyddai'n cyrraedd ysgol tre Amlwch. Roedd yn llythrennol yn fyd o wahaniaeth. O ystyried y teithio dw i wedi ei wneud ers hynny, gan gynnwys y straeon 'dach chi wedi eu clywed yn barod, rhyfedd bod taith o adra i'r ysgol, heb adael Ynys Môn, wedi bod yn un oedd yn cynnig cymaint o her.

Lwcus i mi gael athrawes ddosbarth dda iawn i esmwytho'r newid. Roedd Mair Williams yn grêt. Un athrawes arall fuodd yn help ac yn ddylanwad oedd Jackie Williams, yr athrawes Saesneg. Roeddwn wedi datblygu dychymyg eitha byw ac yn dechrau mwynhau sgwennu storïau ac mi wnaeth hi fy annog gryn dipyn a fy helpu i ddatblygu'r awydd hwnnw i sgwennu. Mae'n amlwg rŵan wrth edrych 'nôl fod rhywbeth wedi dechrau cydio yndda i yr adeg yna, mor bell ag yr oedd defnyddio'r dychymyg yn y cwestiwn. Mi ddaeth hwnnw drwy'r swildod amlwg oedd yno oherwydd y salwch. Roedd angen creu byd gwahanol arna i yn ystod y cyfnodau hir hynny pan oeddwn adra'n sâl o'r ysgol. Ac mi ddaeth yr arfer o ddefnyddio fy nychymyg yn handi iawn yn nes 'mlaen yn fy mywyd.

Un tro, pan es i weld yr arbenigwr yn yr ysbyty, mi ddwedodd y byddai bod yn yr awyr iach yn gwneud lles i mi, yn enwedig awyr y môr. Roedd bod allan yn yr awyr agored yn gwbl naturiol, yn enwedig pan ddechreuodd y diddordeb mewn gynnau yng nghwmni Hughie Wyn a David, a Glyn ac Iwan Tŷ'r Ardd. Roedd Glyn ac Iwan yn gyfarwydd â defnyddio gynnau eu tad, Glyn. Roedd ganddo fo twelf bôr a 4:10. Tipyn o gymeriad oedd Glyn, fel y soniais, labrwr a weithiodd ei ffordd i fyny i fod yn fforman ac, ymhlith pethau eraill, roedd ganddo ddiddordeb mawr mewn pethau Cymreig, yn enwedig cerddoriaeth Jac a Wil. Roedd Hughie Wyn yn derbyn cylchgrawn *Guns & Ammo* yn gyson a minnau wedyn yn cael eu benthyg ganddo.

Erbyn cyrraedd dosbarth 3, roedd Arthur Humphreys a rhai o'r hogia eraill yn mynd i bysgota'n aml. Un dydd, ces gynnig mynd efo nhw, mi fydden nhw'n rhoi menthyg rod a rîl i mi. Doeddwn i ddim yn rhy siŵr o gwbl am ei fod yn swnio'n rhywbeth *boring* iawn i mi. Erbyn hynny roedd 'Nhad wedi prynu .22 *air rifle* i mi ac roedd saethu colomennod yn fwy o hwyl na'r syniad o afael mewn rod i drio dal pysgod. Ond, yn enw cael bod efo'r hogia, ac er mwyn ufuddhau i'r doctor a mwynhau awyr y môr, mi es. Aeth Mam â fi i Benllech, lle wnaethon ni ddal bỳs Crosville i Amlwch ac yna 'mlaen â ni i Lam Carw. Sefyll wedyn ar y creigiau efo Arthur, Dyl, Jeff, Eds, Elfyn Jones, oedd yn byw ym Mhorth Amlwch ar y pryd, a rhai o'r hogia eraill. Ar ôl peth amser, mi wnes i ddal *pollack*! Roeddwn wedi dal fy mhysgodyn cynta'n dair ar ddeg oed! Ar y pryd, roeddwn yn argyhoeddedig ei fod yn pwyso 4 pwys a dyna ddywedais i wrth bawb. Mae'n siŵr mai rhyw ddau bwys a hanner oedd o mewn gwirionedd ac mae'n amlwg i mi ddysgu'r grefft o ddweud straeon pysgotwyr yn gynnar iawn! 'Nôl â fi ar y bỳs efo'r pysgodyn drewllyd 'ma mewn bag plastig. Dyna ddechrau diddordeb sydd wedi tyfu a thyfu.

Mi brynais i rod a rîl wedyn gan Arthur, rod Milbro a rîl Mitchell 486. Yn ddigon sydyn, felly, roedd gen i rywbeth roeddwn i'n gallu ei wneud er gwaetha'r salwch. Doeddwn i ddim i fod i gymryd rhan mewn chwaraeon ond roedd pysgota'n bosib, roedd yn ffocws newydd, pendant i mi. Mi wnaeth hynny wahaniaeth mawr. Roedd Mam yn mynd â fi i lawr i'r Swnt ym Moelfre, dechrau pysgota wedyn am fecryll yn yr ha' efo Dewi, o fferm Nant Bychan ym Moelfre. Roedden ni'n aros yng nghhartrefi'n gilydd am yn ail benwythnos ar un cyfnod, a physgota'n rhan amlwg o'r ymweliadau hynny. Y cam nesa oedd ymuno â chlybiau pysgota. Clwb Llanfair oedd y cynta, lle roedd fy nghefndar, Tony Jones, yn bysgotwr mawr. Roedd fy nhad a'i frodyr wedi eu magu yn Llanfair ac roedd ganddyn nhw gwch ar y Strêts. Roedd cwch o hyd gan Tony a'i dad, fy Yncl Glyn i. Felly, ffwrdd â fi efo nhw ar bob cyfle. Clwb Bass oedd hi nesa. Roedd siop ym Mangor ar y pryd, Bangor Anglers Supply Store, sef 'BASS' wrth gwrs. Os oes y fath beth yn bod â *guru* ym myd pysgota, yna Gary Mitchell siop Bass oedd hwnnw. Yn ei siop, roedd lluniau du a gwyn mawr o bysgod anferth, nifer ohonyn nhw'n bysgod môr egsotig.

Roedd rhain yn llenwi fy nychymyg heb os! Roedd cwch yn mynd allan o Fangor i fan lle roedd rhai o'r pysgod crand yma a dim ond un peth oedd ar fy meddwl – roeddwn i isio mynd efo nhw! Hanner can milltir allan i'r môr i bysgota am bysgod mawr, hwylio oedd fy nod. Mi ddois i nabod y dynion oedd wrthi'n gwneud pysgota o'r fath, a dysgu llwyth ganddyn nhw. Roeddwn yn credu'n gry' mai mater o amser fyddai hi cyn y byddwn innau hefyd allan yn pysgota môr.

Dwn i ddim lle byddwn i petai'r pysgota heb gydio. Roedd yn rhoi ystyr i fy mywyd bob dydd, roeddwn hefyd yn 'perthyn' i rywbeth oedd yn rhoi pwrpas penodol i mi. Roedd bod ym myd dynion, pysgota efo nhw, a mynd i'r cyfarfodydd amrywiol yn dechrau fy nhynnu allan o fy nghragen. Nid byd plant a phobol ifanc yn unig oedd y byd hwn. Roedd pawb yn rhan ohono ac mi roedd hynny'n beth mawr i mi.

Trodd yn ffordd o ennill rhywfaint o bres poced hefyd. Yn ystod gwyliau'r haf, byddwn yn mynd ar gefn fy meic i Draeth Coch. Dyna lle byddwn i'n fflio ar hyd y lonydd, bwcad wedi'i strapio ar flaen y beic a fforch wedi'i chlymu ar fy nghefn. Wedi cyrraedd y traeth, byddwn yn tyrchu cymaint o abwyd ag oeddwn i'n gallu ei roi yn y fwcad. 'Nôl wedyn i'r tŷ lle roeddwn yn rhoi'r abwyd mewn llwch lli' ac yn gwneud pacedi bychain. Mynd â nhw 'nôl wedyn i Siop Iorwerth yn Benllech. Siop bapurau oedd hi, ond roedden nhw'n gwerthu pacedi abwyd fel y rhai roeddwn i'n eu gwneud. Bydden nhw'n cadw rhywfaint o bres iddyn nhw eu hunain a minnau'n cael y gweddill. Mi roedd 'na ffyrdd eraill o wneud pres. Mi fues yn gweithio am gyfnod ym Mecws Brynteg a chael £1 yr awr am bacio rôls bara, sleisio bara, tacluso a llnau *trays*. Yr unig anfantais oedd gorfod codi am 3 y bore a finnau yn fy arddegau, ond gan fod modd gweithio mwy a mwy o oriau er mwyn ennill mwy a mwy o bres, roeddwn yn fodlon derbyn hynny. Erbyn cyfnod Lefel O, roeddwn yn gweithio am 14 awr ambell ddiwrnod. Roedd y cyfan yn mynd at brynu offer pysgota.

A dweud y gwir, cydiodd y diddordeb yndda i i'r fath raddau nes i mi roi fy holl nerth ac amser i bysgota. O ganlyniad, doedd gwaith ysgol yn cael fawr ddim sylw. Pysgota wedi'r cyfan oedd wedi cynnig ffordd allan o'r bywyd roeddwn wedi gorfod ei fyw ers 'mod i'n wyth oed. Dyna oedd yn rhoi'r boddhad i mi. Yn naturiol ddigon, felly, dyna oedd yn mynd i lenwi fy mywyd. Dal i fyny efo gwaith roeddwn wedi ei golli oedd gwaith ysgol i mi, copïo i fyny am fy mod wastad tu ôl i bawb arall. Unwaith, ym mlwyddyn dau dw i'n credu, mi ges 6% mewn Mathemateg. Roedd hynny'n dorcalonnus. Ces fy symud i grŵp yn is yn yr ysgol ac at athro roedden ni'n ei alw'n Penguin. Penderfynodd Mam a Dad dalu i mi gael gwers ychwanegol bob wythnos, a draw â fi i Dalwrn at Myfanwy Maths i gael help. Mi weithiais yn galed a llwyddo i godi 'nôl i fyny i'r grŵp uwch a 'nôl i'r dosbarth Lefel O a'i basio. Do, mi wnes yn dda i wneud hynny. Ond roedd y cyfan yn ymdrech aruthrol ac yn sicr doedd hi ddim yn bosib gwneud y fath ymdrech ymhob pwnc. Pan ddôi'n gyfnod adolygu, roeddwn fel arfer naill ai'n darllen cylchgronau pysgota, yn practisio castio yn y cae efo Robert Wyn, yn tyrchu abwyd neu'n gwneud pwysau plwm fy hun i bysgota. Tipyn o fenter oedd gwneud rheina hefyd mae'n siŵr, gan fod gofyn gweithio efo plwm roeddwn wedi ei feddalu ar hen stof nwy adra. Doedd dim mowlds gen i wrth gwrs, felly byddwn yn bachu pot blodau, ei lenwi â thywod, ac yna'n sticio fy mys yn y tywod i wneud twll y byddwn yn ei ddefnyddio fath â mowld. Ond roedd y plwm yn mynd i bob man, on'd oedd? O leia roeddwn i'n gwisgo rhyw fath o gogls, roedd hynny'n rhywbeth!

Roeddwn yn hapus iawn i fynd i garej Dad. Oherwydd ei fod yn rheolwr peirianyddol, roedd ganddo allu ymarferol arbennig a gallai droi ei law at unrhyw beth. Roedd mainc yn y garej a feis a thŵls o bob math. Roeddwn yn hoffi mynd i 'chwarae' efo'r rhain pan oeddwn yn gorfod bod adra.

Ces i brofiad newydd wrth fynd i Foelfre. Dechreuais fynd i ryw glwb pobol ifanc, 'nôl yn nyddiau cynnar fideos. Roedd un boi yn arfer dod atan ni yno a dangos yr hyn oedd, yn syml, yn ddim byd ond *video nasties*. Dyna lle gwelais i *Zombie Flesh Eaters* – yn y clwb ieuenctid ym Moelfre! Byddai'r boi yn y carchar am wneud hynny heddiw mae'n siŵr! Mi wnaeth un ferch fynd yn sâl a chwydu dros bob man wedi gweld un o'r ffilmiau 'ma.

Roedd giang ohonan ni wedi dechrau mynd i Foelfre: Lish, Eifion, Ger Jôs ac Arwyn. Roedd Eifs yn godwr pwysau o fri, ac yn edrych yr un fath â Mr Universe wrth gerdded o gwmpas yr ysgol yn Amlwch. A finnau tua'r pymtheg oed, dywedodd yr arbenigwr yn yr ysbyty wrtha i ella y byddai'n beth da i mi ddechrau codi pwysau er mwyn datblygu'r cyhyrau o gwmpas y frest yn benodol. Rhaid oedd cael set o bwysau wedyn, ac mi ges i dymbels oedd yn gorfod cael eu llenwi efo tywod o warws disgownt ym Mhen-y-groes. Trwy lwc, roedd hen set o offer codi pwysau yn Neuadd Brynteg hefyd. Roedden nhw wedi rhydu braidd, ond roedden nhw'n gwneud y tro wrth i mi ddechrau ymarfer. Felly hefyd hen fainc Ysgol Sul a byddwn yn cydio yn un pen iddi a'i chodi. Dechrau digon simsan, di-nod oedd i'r ymdrechion cryfhau ond roedd yn ddigon am y tro.

Dyna'r ddau ddiddordeb gydiodd yn y Julian gwan a swil felly. Y pysgota a'r codi pwysau. Roedd ychydig o ddiddordeb gen i mewn dilyn pêl-droed a Lerpwl oedd y tîm i mi – yn dal i fod yn ail dîm i mi ond Abertawe erbyn hyn yw'r tîm cynta! Yr adeg hynny ar Ynys Môn, un o bedwar tîm roedd yr hogia'n ystyried eu cefnogi: Lerpwl, Man U, Everton neu Leeds. Doedd dim sôn am Man City'r adeg yna! Am nad oeddwn yn cael bod yn rhan o rygbi ysgol, doedd gen i ddim diddordeb go iawn mewn dilyn y gêm. Dw i'n cofio watsiad ambell gêm efo Dad ar y teledu, yn y 70au hwyr yn benodol. Ond fawr ddim heblaw hynny. Roedd pêl-droed yn fwy uchel ei broffil i ni ar yr Ynys. O ran cerddoriaeth, y bandiau poblogaidd cŵl oedd yn cael fy sylw. Y Bay City Rollers oedd y ffefryn yn yr ysgol gynradd. Dw i'n cofio gofyn i Mam fyddwn i'n cael mynd i farchnad Llangefni i brynu trowsus fflêrs tartan fel hogia'r band. 'Na' plaen oedd yr ateb, er mawr siom a finnau'n meddwl y byd o'r Bay City Rollers! Wedyn daeth bandiau fel Duran Duran, Abba a sêr amlwg y saithdegau. Erbyn tua diwedd fy nghyfnod yn ysgol Benllech, cefais *hand-me-down* o siaced swêd gyda *tassles*

27

yn hongian ar hyd y cefn a'r breichiau, oddi wrth fy nghefndar, Tony, a ffwrdd â fi i'r disgo yn edrych fath â rêl cowboi! Dyna lle roeddwn i, yn gwneud yr holl symudiadau dawnsio cywir i 'Tiger Feet' a 'Nut Bush City' yn fy siaced 'sblennydd! Roedd fy nghefndar Maldwyn yn gwneud disgos yn neuadd y pentra Brynteg, Discos Maldi, ac mi roedd rheini'n ffordd dda o ddod i nabod cerddoriaeth boblogaidd y cyfnod.

Ond mi ddois dan ddylanwad *heavy metal* hefyd, mae'n rhaid pwysleisio! Rownd yn nhŷ Glyn ac Iwan, efo giang arall o'u ffrindiau oedd yn hoffi'r math 'ma o gerddoriaeth – gan gynnwys un boi o'r enw Spog, dw i'n cofio! – roedden ni'n gwrando ar albyms Iron Maiden, Girls School, Black Sabbath, Motorhead ac ati efo'n gilydd. Roedd yn dipyn o daith i fynd o'r Bay City Rollers i Motorhead, gan basio Abba yn y canol rywle! Doedd gen i ddim amynedd efo'r *new romantics* na Spandau Ballet a'u tebyg, na bandiau yr un fath â'r Smiths.

Doedd gen i chwaith ddim syniad beth oedd beth na phwy oedd pwy yn y byd cerddoriaeth Gymraeg ac roedd teledu Cymraeg pan oeddwn yn tyfu i fyny yn dipyn o ddirgelwch hefyd mewn ffordd. Doeddwn i bron byth yn siarad Saesneg. Cymraeg oedd iaith naturiol bywyd bob dydd adra, yn y pentra, y capel a'r ysgol gynradd. Roedd mwy o Saesneg i'w glywed y funud es i i'r ysgol yn Amlwch, wrth reswm, ond roedd hen ddigon o ffrindiau yno oedd yn Gymry Cymraeg. Ond doedd gen i ddim diddordeb mewn unrhyw beth Cymraeg fath â'r 'Steddfod, cerddoriaeth, rhaglenni teledu na radio. Ond ar yr un pryd roedd yna Gymreictod naturiol yn perthyn i mi. Un arwydd digon amheus o hynny, ella, oedd y traddodiad yn Ysgol Syr Thomas Jones o gynnal ffeits cyson rhwng y Cymry a'r Saeson. Oherwydd gwaith fath â Gorsaf Bŵer Wylfa a Rio Tinto, roedd lot o bobol ddŵad yn yr ardal ac roedd eu plant yn mynd i'r ysgol yn Amlwch, wrth gwrs. Roedd yn rhaid dangos pwy oedd pwy yn yr ysgol ac roedd ymladd cyson rhwng y brodorion a'r mewnfudwyr. Mi ddois ar draws y peth am y tro cynta pan oeddwn yn Fform Wan. Mi aeth y gair ar led bod Dyl Coed, o Fform Ffaif, yn mynd i gwffio efo Brockley, mab athrawes Ffrangeg yr ysgol. Mi wnaeth o roi coblyn o stid iddo. Roedd Brockley hefyd yn un o'r hogia oedd yn hoffi Spandau Ballet, yn un o'r Spandaus, ac felly roedd rhoi cweir go iawn iddo hyd yn oed yn fwy melys! Roeddwn i'n meddwl bod yr holl beth yn grêt ac yn ecseiting ac yn sicr yn safiad drostan ni, y bobol leol. Doeddwn i ddim yn rhan o'r cwffio go iawn, doeddwn i ddim yn gallu cymryd rhan oherwydd 'mod i'n rhy ifanc yn Fform Wan. Ond roeddwn wrth fy modd â phob achlysur pan oedd ffeit yn digwydd, ac yn gadarn ar ochr y Cymry, wrth gwrs.

Dw i'n cofio mynd ar drip ysgol i Ysgol David Hughes ym Mhorthaethwy i glywed y band Crys. Dyna'r unig gof sydd gen i o glywed band Cymraeg, yn fyw neu beidio. Doedd o ddim yn golygu rhyw lawer i mi ar y pryd, mae'n rhaid dweud, a dydw i ddim yn cofio dim am y band ar y noson. Yr unig beth sydd wedi aros yn y cof yw i mi lwyddo i gael peint i'r hogia yn y Four Crosses am fy mod yn dal o fy oed! Yn syml, doeddwn i ddim yn rhan o'r byd Cymraeg er bod pob peth ynglŷn â fy magwraeth ac ati yn gwbl Gymraeg. Roedd y dylanwadau arna i o ran ffilmiau, cerddoriaeth a theledu yn Saesneg yn unig. Doedd hynny ddim yn ganlyniad i benderfyniad bwriadol ar fy rhan, jyst fel'na oedd petha'n naturiol.

Mae'n rhaid sôn am un dylanwad cynnar arall arna i, un annisgwyl i nifer, mae'n siŵr, ac mae'n ymwneud â choginio. Roedd Nain yn gogyddes dda iawn, wedi hen arfer gwneud bwyd i'r teulu ac i'r gweithwyr fel ei gilydd ar y fferm, yn enwedig ar ddiwrnodau mawr yn y calendr ffermio fel diwrnod dyrnu. Roedd gan Mam ddawn coginio hefyd, ond ychwanegwyd rhyw ddylanwad arall at hwnnw wedi iddi briodi. Mi aeth hi a fy nhad o gwmpas y byd i nifer o wledydd amrywiol. O ganlyniad, roeddwn fel plentyn yn y saithdegau yn gyfarwydd â chael *spaghetti bolognese* a chyrris amrywiol ar adeg pan nad oedd y fath fwyd yn boblogaidd ar Ynys Môn. Roedd 'Nhad yn byw ar gyrris am fisoedd ar y tro pan oedd o ar y môr am fod y cogyddion i gyd o India. Felly, mi dyfais i fyny efo traddodiad coginio Cymreig iawn Nain a dylanwad coginio tramor Mam.

Pleser pur i mi fel hogyn oedd crafu sosban neu lyfu powlan! Trodd hynny, cyn hir, yn gais gen i i gael tro ar wneud rhyw bryd o fwyd neu'i gilydd. O ganlyniad, doedd arna i ddim ofn bwyd na choginio.

A minnau tua tair ar ddeg, a Dewi Evans draw o Foelfre, cafodd y ddau ohonan ni aros yn Storws ar ein pennau ein hunain, a hwnnw erbyn hynny'n wag. Tipyn o fraint a thipyn o antur i ddau yn eu harddegau cynnar, yn enwedig gan ein bod yn cael aros yno am wythnos gyfan! Er mwyn dangos ein bod wedi tyfu i fyny go iawn, mi wnes wahodd Anti Eirys ac Yncl Dafydd, rhieni Dewi, atan ni yn Storws am bryd o fwyd. Mi wnes goginio pryd a elwais yn *Spaghetti Scramble*! *Spaghetti* efo ŵy wedi'i sgramblo oedd o mewn gwirionedd, efo bacwn, nionod a thomatos yn rhan o'r gymysgfa. Mi wnes osod y bwrdd yn y gegin ac mi aeth y bwyd i lawr yn dda iawn, diolch byth. Naill ai hynny neu roedden nhw'n actio'n dda iawn er mwyn fy mhlesio! O'r dyddiau hynny, mi ddaeth coginio yn ddiddordeb mawr i mi. Roeddwn yn gwneud fy mrechdanau fy hun wrth fynd ar drip pysgota neu i'r gwaith wedi hynny. Dw i wrth fy modd hyd heddiw yn creu pryd o fwyd a gweld pobl eraill yn ei fwynhau.

Felly, dyna ni. Dyna'r Ynys Môn a fu'n fam i mi a dyna fy magwraeth ar aelwyd Mam a 'Nhad ym Mrynteg. Roedd yn fagwraeth hapus, ddelfrydol bron, a dw i'n falch ohoni. Roedd un cysgod, wrth gwrs, sef y salwch. Ond rhyfedd sut mae amser yn dylanwadu ar ein hamgyffred o'n bywyd ein hunain. Pan dw i'n edrych yn ôl rŵan, mae'n rhaid i mi ddweud na fyddwn i wedi bod yn actor, mae'n siŵr, petawn i heb brofi'r hyn wnes i ei brofi o'r amser pan oeddwn yn wyth oed hyd at un ar bymtheg oed. Mae yna reswm dros bob dim. Mi fu'n rhaid i mi brofi fy hun mewn sawl sefyllfa, a gorfod rhoi fy hun mewn sawl sefyllfa anghyfforddus a gorfod gwthio drwyddyn nhw. Mi ddaeth hynna i gyd o'r rhwystredigaeth roeddwn yn ei deimlo am flynyddoedd fel plentyn. Ond hynny roddodd yr egni i mi wthio yn fy mlaen, o fan'no daeth y *drive*. Ond wrth ddychwelyd adra o Lundain bell, cyn mentro eto, doedd gen i'r un awydd i fod yn actor. Mi ddaeth hynny wedi i mi adael glannau'r Ynys.

Dyna'r Ynys Môn wnes i adael er mwyn mentro i fyd cwbl, cwbl wahanol draw yng Nghaliffornia ble aeth un o fy nghyn-Fonwysion i chwilio am aur. Doeddwn i'n sicr ddim yn mynd i chwilio am aur. Doeddwn i chwaith ddim yn gwybod am be roeddwn i'n chwilio. Ond roedd yn rhaid mynd.

4

'Be yn y byd sy wedi digwydd i chdi?'

VENICE BEACH CALIFFORNIA oedd y lle i fynd drwy'r byd i gyd os oedd ganddoch chi unrhyw ddiddordeb mewn codi pwysau a datblygu'r cyhyrau. Yn y fan honno y dechreuodd yr holl syniad o *body building* ac i'r fan honno roedd sêr mawr yr un fath ag Arnold Schwarzenegger a Lou Ferrigno, yr Incredible Hulk ei hun, yn mynd. Yn benodol, roedden nhw ymhlith ffyddloniaid Gold's Gym. Oherwydd i mi weithio yn yr un *gym* yn Llundain, ces fynediad i'r un yn Oceanside, Califfornia. Doeddwn i ddim wedi cael swydd fel y cyfryw, ond roedd y cyswllt yn America wedi addo fy noddi i fynd i'r wlad honno. Hynny yw, roedd yn fodlon cefnogi fy nghais i gael y *Green Card* bondigrybwyll sy'n rhaid ei gael er mwyn gweithio am gyfnod hir. Roedd yn fodlon cadarnhau pwy oeddwn i, beth oedd fy nghymwysterau a dweud y byddai'n rhoi gwaith i mi petawn yn cael Cerdyn Gwyrdd. Roedd angen gwneud hynny trwy gyfreithiwr a thalu am yr anrhydedd, ac roedd y broses yn debygol o gymryd amser hir. Ond o leia roeddwn wedi cymryd y cam cynta, digon i wneud i mi fentro draw, beth bynnag, a hynny cyn clywed a fyddwn yn cael Cerdyn Gwyrdd ai peidio. A dweud y gwir, roeddwn yn naïf tu hwnt wrth drafod yr holl beth *Green Card* 'ma, a heb ddeall ei bwysigrwydd yn iawn cynd mynd allan i America. I mi, roedd yn ddigon fy mod isio gweithio'n galed ac yn onest – roedden nhw'n saff o roi gwaith i mi wedyn, on'd oedden?

Ffwrdd â fi o Heathrow i Los Angeles ar fy mhen fy hun yn 20 oed, bag ar fy nghefn a breuddwydion yn fy mhen. Roeddwn wedi fy nghyfareddu gan America erioed, a minnau wedi ymgolli ymhob peth Americanaidd ers yn ddim o beth, bron. Wrth gynllunio i fynd i'r wlad ei hun, felly, roeddwn am drio gwneud fy ffordd fy hun a gweld beth fyddai'n digwydd. Ond yn amlwg roedd Mam a Dad yn poeni am eu hogyn bach, o bentra Brynteg, ar ei liwt ei hun yn LA! Cynigiwyd ffordd arall. Roedd gen i gyfnither yn byw yn Lake Tahoe, Nevada. Awgrymwyd y dylwn fynd i aros efo'r teulu am ychydig, er mwyn dechrau dod yn gyfarwydd â'r ffordd Americanaidd o fyw cyn mentro ar fy mhen fy hun. A dyna wnes i. O faes awyr Los Angeles ar awyren arall â fi, felly, i Reno, Nevada, lle roedd fy nghyfnither Mary Lou a'i gŵr, Chuck, yn aros amdana i. Er i Mary Lou gael ei geni a'i magu yn America, roeddwn wedi cyfarfod â'r ddau cyn hynny pan oedd Chuck yn gweithio i John Paul Getty Oil yn Lloegr. Roedd yn help fy mod yn eu hadnabod, yn ogystal â pherthyn iddyn nhw, ac roedd ganddyn nhw ddau o blant, Jeanette a Jeffrey.

Roedd eu cartra yn hyfryd! Tŷ pren mawr yn y goedwig, eira ar y mynyddoedd yn y cefndir, a heb fod yn bell o Lake Tahoe ei hun. Roedd yn olygfa ddelfrydol. Oedd, mi roedd o'r un fath â'r golygfeydd roeddwn wedi eu gweld yn y ffilmiau 'nôl adra, ac roedd hynny'n cynnwys y Dodge Trucks roedd pawb yn eu gyrru. Dyna un peth i mi fethu ei wneud cyn gadael cartra, pasio fy mhrawf gyrru. Mi driais. Yn wir, mi es ar gwrs preswyl am wythnos gyfan yn Llandudno er mwyn cael trwydded cyn gadael. Ond, mi aeth fy nerfau'n racs ar y diwrnod a methais y prawf. Roedd hynny'n biti mawr wedi i mi gyrraedd America. Roedd gofyn i naill ai Chuck neu Mary Lou fynd â fi i bob man wedyn, ac mi wnaethon nhw chwarae teg.

Bob bore, roeddwn yn cael fy ngollwng yn Reno, neu un o'r trefi eraill cyfagos. Yn fy siwt ora, efo gwallt *slick-back* a'm tystysgrifau yn fy llaw, mi es o *gym* i *gym* yn holi am waith. Ond doedd neb am gynnig gwaith i mi, dim hyd yn oed rhyw joban arian parod tra 'mod i'n aros i'r busnes *Green Card* 'ma sortio'i hun.

Roedd Chuck yn gorfod mynd i lawr i Long Beach Califfornia un diwrnod, er mwyn mynd i gynhadledd waith. Roedd yn gweithio ym myd gwerthu teganau. Awgrymodd y gallwn i fynd efo fo, i Long Beach os nad i'r ffair deganau! Hefyd, dywedodd y byddai hynny'n gyfle i mi gyfarfod rhagor o deulu. Doedd gen i ddim syniad o gwbl bod gen i ragor o gefndryd. Felly, ffwrdd â fi.

Roedd y cysylltiadau teuluol efo America yn mynd 'nôl yn bell iawn. William Thomas oedd fy hen daid ar ochr Mam: tad fy nain. Roedd ganddo frawd o'r enw Henry a gadawodd Henry Gymru i fynd i fod yn lymberjac yn Portland, Oregon, lle mae gen i deulu hyd heddiw. Mi sefydlodd fusnes plymar yno wedi hynny. Roedd Mary Lou yn perthyn i'r tras yma felly, ond rywle cyn ei geni hi mi briododd rhywun o'r Tomosiaid efo rhywun o deulu arall o dras Cymreig â'r syrnâm Davis. Felly, roedd Mary Lou yn 'Davis' cyn priodi. Disgynyddion Henry aeth o Oregon draw at yr arfordir gorllewinol, ac mi wnes i ymuno â nhw ganrif a mwy wedi iddo ddechrau ei fywyd newydd yno. Wrth ddeall y stori yma mi ddaeth yn amlwg bod fy obsesiwn i ag America yn llythrennol yn y gwaed.

Wedi cyrraedd Long Beach efo Chuck, doedd dim byd amdani ond setlo yn y gwesty a chysgu, a hynny heb fod yn siŵr beth fyddai fy nghynlluniau y diwrnod canlynol. Ond roedd Chuck yn gwybod. Yn y bore, ffwrdd â ni i weld y rasys Indie Cars byd-enwog yn Long Beach. Am brofiad! Gwefr yn sicr ac mi wnes i fwynhau pob dim, gan gynnwys y donyts! Yno hefyd roedd fy nghefndryd 'newydd': Scott, Britt, Sherri, Susie a'u rhieni, Tom a Val. Mae Tom yn frawd i Mary Lou ac er mai fo oedd fy nghefndar, roedd y plant yn fwy o gefndryd i mi mewn gwirionedd am ein bod yn agosach o ran oedran. Ar ddiwedd diwrnod arbennig, mi wnaeth Britt ofyn pam na fyddwn i'n mynd i aros efo fo a'i ffrind Pat am ychydig. Iawn, medda fi, heb wybod lle roedden nhw'n byw – mewn apartment yn San Clemente, reit ar y traeth! Roedd y ddau yn *surfer dudes* go iawn, efo'r gwallt melyn hir a phob dim. 'Nôl â Chuck, felly, i Reno gan fy ngadael i yng Nghaliffornia. Roeddwn wedi cymryd fy ngham cynta oddi wrth y sicrwydd roedd aros efo Mary Lou a'i theulu yn ei gynnig.

Roeddwn yn sicr mewn byd newydd. Britt a Pat, Scott, Susie, wedyn Sherri a Brendan, Brian, John, Joe a Michelle, cariad Britt. Roeddwn wedi cael fy nhaflu i ganol y giang yma o syrffars Califfornia. Doeddwn i ddim yn gallu syrffio, wrth gwrs, ac roedd angen i mi ddysgu'n eitha cyflym, gan ddechrau efo *bodysurfing* gynta, wedyn *boogieboarding*. Roedd yr holl ffordd o fyw yn union yr un peth â'r ddelwedd fyddai gan rywun o fywyd y traethau yn y rhan yna o'r byd, ac roeddwn wedi bod yn ddigon lwcus i gael bod yn rhan ohono.

O ran bwyd, dyna lle dechreuais i gael blas ar fwyd Mecsico ac, wrth gwrs, doedd Mecsico ddim yn bell o lle roeddwn i. Gan nad oeddwn wedi gweld y fath fwyd o'r blaen, roedd yn rhaid gofyn beth oedd beth yn aml. Gofynnais un tro beth oedd *chips and salsa* ac mi drodd pawb ata i gan ryfeddu nad oeddwn erioed wedi cael y fath beth – bwyd oedd yn hollol ganolog i'w bywyd. Yn amlwg, doedden nhw ddim wedi bod yn Benllech!

Ond ynghanol hyn i gyd, roedd yn rhaid cofio bod angen i mi chwilio am waith. Mi driais wneud hynny, gan ddilyn yr un patrwm ag yr oeddwn wedi ei ddilyn yn Llundain ac yn Reno, gan gynnwys gwisgo'r un hen siwt! Ond heb lwyddiant. Erbyn hynny, roeddwn yn nabod fy nghefndryd a'u ffrindiau dipyn gwell ac un dydd mi ofynnodd Brendan i mi a fyddwn yn hoffi mynd i aros am ychydig yn ei *apartment* o yn San Diego. Roedd yn rhannu'r lle efo John a Brian. I lawr â fi yn agosach at ffin Mecsico, felly, i gysgu ar lawr fflat fy nhri ffrind newydd yn San Diego.

Ond roedd yr un sefyllfa yn fy ngwynebu. Doedd dim gwaith. Ella, medda fi wrthyf fy hun, fod angen meddwl am waith gwahanol i waith mewn *gym*. Draw â fi, felly, i Fisherman's Landing yn Point Loma. Roedd yn gam naturiol i hogyn oedd wedi ymgolli mewn pysgota, er nad oeddwn wedi gallu gwneud fawr ddim yn ystod y blynyddoedd o grwydro a chwilio am

waith. Mi es o gwch i gwch yn gofyn a fedren nhw roi gwaith
i mi. Gwrthod wnaeth pob un nes i mi ddod at gwch o'r enw'r
Apollo lle rhoddodd JJ, y sgipar, gyfle i mi.

Roedd gen i broblem arall wedyn. Doedd gen i ddim dillad
addas i fynd ar gychod pysgota. Go brin bod crys-t a throwsus
byr y syrffar yn mynd i wneud y tro allan ar y môr mawr. Trwy
lwc, roedd Brendan yn *quarter-back* i Brifysgol San Diego,
felly, mi ges fenthyg ambell beth fyddai'n handi, crys chwys
a throwsus chwys ac ati. Daeth diwrnod y trip pysgota cynta
a deall y byddwn i ffwrdd ar y môr am dridiau cyfan. Fi oedd
y fenga ar y cwch a'r mwya dibrofiad, a fi felly oedd yr hyn
roedden nhw'n ei alw'n *green horn*. Un peth mae hynny'n ei
olygu – roeddwn ar fin dysgu trwy brofiad. Ffwrdd â ni a mynd
am Mecsico gynta, lle buon ni'n pysgota am *squid*. Roedd golau
halogen anferth ar gefn y gwch ac roedd hwnnw'n denu'r *squid*.
Wedyn roedd angen eu rhwydo efo rhwyd law a'u rhoi mewn
tanc mawr ar fwrdd y llong. Doedd y pysgodyn ddim yn mynd
i'n helpu ni, wrth gwrs, ac yn achos y *squid* roedd hynny'n
golygu un peth penodol – lot o inc! Roedd yr inc dros bob man,
gan gynnwys dros y dillad y ces eu benthyg gan fy ffrindiau!
Roedd crys tîm pêl-droed Americanaidd USD yn blastar o inc
nad oedd gobaith ei olchi i ffwrdd.

I lawr â ni wedyn ymhellach i'r de. Daeth fy nhro i i fod
ar wyliadwraeth nos. Roeddwn yn cysgu mewn bync, reit yn
erbyn nenfwd y caban, a hynny mewn gwres aruthrol. Roedd
yn glawstroffobig ar y gorau. Byddwn yn cael fy neffro wedyn i
gymryd fy lle ar y dec. Roedd gŵr a gwraig yn coginio i ni yn y
gali, ac roedd o'n edrych yn union yr un fath â Captain Birdseye.
Gan mai fi oedd yn gorfod golchi'r deciau bob tro, roeddwn yn
gwlychu mwy na neb. Mi drodd hynny'n broblem ymhen dim.
Er i mi gael benthyg digon o ddillad, roeddwn wedi esgeuluso
fy nhraed. Dim ond *trainers* oedd gen i ac wedi dau ddiwrnod
o wlychu cyson, roedd fy nhraed yn diodda. Roeddwn yn falch
iawn o gael bod 'nôl ar dir sych, neu o leia roedd fy nhraed
yn falch dros ben. Mi ges $40 y dydd am y gwaith yna, a *tips*
ar ben hynny gan bobol y byddwn yn eu helpu i bysgota. Mi

gyrhaeddon ni 'nôl i San Diego am hanner nos ac i mewn â fi i dacsi ac yn syth i'r Denny's Diner agosa. Diolch byth eu bod nhw ymhobman. Mi ges lond plât o *nachos*, a syrthio i gysgu reit yn eu canol! Roeddwn wedi blino'n llwyr. Wedi i'r staff fy neffro, ac wedi i mi llnau fy ngwyneb, ffwrdd â fi 'nôl i'r fflat i gael cysgu'n iawn.

Y bore wedyn, doeddwn i ddim yn gallu cerdded. Roedd fy nhraed wedi chwyddo'n ofnadwy, roedden nhw'n bothelli hyll drostyn nhw ac yn boenus tu hwnt. Roedd trip pysgota arall yn aros amdana i ond doedd dim gobaith y gallwn fod yno. Mi ffoniais y sgipar ac esbonio'r sefyllfa wrtho, yn ddigon ofnus am fy mod yn sicr y byddwn yn colli fy ngwaith. Mi wnaeth o ymateb yn grêt chwarae teg iddo, gan ddweud wrtha i am ddod 'nôl pan fyddwn i'n well. Mi wnes i hynny a gweithio iddo am rai misoedd tan ddiwedd tymor coleg Brendan a'r hogia. Roedden nhw'n diflannu 'nôl i'w cartrefi dros wyliau'r haf wedyn a bu'n rhaid i minnau adael y fflat hefyd.

Codi pac oedd hi eto, felly, a draw â fi i dre Mission Viejo yn Orange County ac at Tom a Val, rhieni Sherri. Dyna'r dre sy'n enwog fel man geni'r nofiwr Olympaidd Mark Spitz. Roedd ei ysgol, Mission Viejo High School, yn enwog am ddatblygu nofwyr. Ces waith yn go handi'r tro 'ma, gan foi o'r enw Gary. Roedd ganddo fusnes ei hun, ond fel rhyw fath o ail fusnes roedd ganddo gwmni gwaith saer, a hynny mewn tai yn benodol. Mi fues i'n labro iddo fo wedyn. Rownd â fi efo fo yn y fan, gan weithio mewn un *condominium* ar ôl y llall. Doedd dim sicrwydd y byddai'r math yna o waith ar gael bob dydd, felly, roedd cyfle wedyn i fynd ar gefn beic i ddod i nabod yr ardal yn well. Yn aml, byddwn i'n beicio i Laguna Hills ac yna'n dal y bỳs i lawr i draeth prydferth iawn Laguna Beach. Os nad oeddwn efo Gary, roeddwn yn debygol o fod yn Laguna Beach. Roedd cyfle hefyd i gael ambell drip ac mi es efo Brendan a Sherri i Sacramento, Los Angeles, a sawl lle arall.

Erbyn hyn, roeddwn yn dechrau dod yn rhan o fywyd cymdeithasol America, ac yn raddol yn dod yn rhan o'r sîn roedd fy nghefndryd a fy ffrindiau yn rhan ohoni. Ond, wrth gwrs, yn ystod yr amser hyn i gyd roedd gen i awydd cryf i weithio yn Gold's Gym o hyd. Er i'r misoedd fynd yn eu blaenau heb unrhyw sôn am gael gweithio yno doedd y freuddwyd ddim wedi pylu. Roedd mynd i Mission Viejo wedi golygu bod modd galw yn Gold's Oceanside, lle roedd y dyn oedd yn fodlon fy noddi.

Mi ges gyfle i edrych o gwmpas y *gym*. Roedd yn fwy sbesial nag yr oeddwn wedi ei ddychmygu, yn lle anhygoel. Tra oeddwn i yno hefyd, mi ges gyfle i gymryd camau pellach tuag at gael Cerdyn Gwyrdd. Ffeindiwyd twrna i mi yn Los Angeles a bu'n rhaid i mi dalu $1,000 iddo'n syth am ei wasanaeth ac yna dau daliad pellach nes 'mlaen. Nes i'r Cerdyn Gwyrdd ymddangos, roeddwn yno ar fisa yn unig. Mi ddaeth y fisa i ben heb sôn am y Cerdyn Gwyrdd. Un ateb oedd – mynd 'nôl adra.

'Be yn y byd sy wedi digwydd i chdi?'

Dyna eiriau Mam wrth fy nghyfarfod ym Maes Awyr Gatwick, neu eiriau digon tebyg. Doedd hi ddim yn nabod yr hogyn oedd yn cerdded tuag ati. Nid yr hogyn ddywedodd ffarwél wrthi chwe mis ynghynt oedd hwn – roedd o'n fwy tebyg i beth fyddai pobol yn ei alw'n *beach bum* yn y ffilmiau; mab un o'r Beach Boys ella, ond nid mab Mr a Mrs Jones, Brynteg. Roedd fy ngwallt dipyn hirach, roeddwn yn frown iawn ac yn gwisgo crys-t a throwsus byr. Mi aeth pethau o ddrwg i waeth pan wnes i agor fy ngheg. Tra oeddwn yn America roeddwn wedi datblygu ffordd ddiog o siarad sy'n nodweddiadol o bobol Callifornia, nid y *drawl* amlwg sydd yn y Deep South, ond jyst rhyw ffordd o lusgo geiriau at ei gilydd. Mae'n siŵr 'mod i'n ddigon o ryfeddod wrth sefyll o flaen Mam y diwrnod hwnnw.

Ar y ffordd adra, mi wnaethon ni stopio yn un o'r gwasanaethau ar y draffordd a dw i'n cofio sylwi ar yr olwg lwydaidd, welw ar bawb oedd yno. Un peth oedd yn mynd trwy'r meddwl – pam uffarn dwi wedi dod 'nôl i hyn? Ond, adra â fi. Roedd un peth yn sicr, doedd 'na ddim gwaith i mi ar Ynys Môn, dim gobaith. Wedi peth amser, penderfynais fod yn rhaid i mi fynd 'nôl i Lundain. A dyna wnes i.

Go brin y gallai'r gwaith ges i fan'no fod yn fwy gwahanol

i'r hyn wnes i yn America. Ces job yn Harrods. Roeddwn yn gwerthu cyfarpar ffitrwydd yn adran chwaraeon y siop grand honno. Oedd, mi roedd yn rhaid gwisgo siwt, ond mi lwyddais i gadw'r gwallt Califfornaidd diolch i'r drefn. Roedd yn lle da hefyd i edrych ar fideos syrffio, yr un fath ag *Action from Hawaii*, a fideos cwmni O'Neill pan nad oedd cwsmeriaid o gwmpas. Ces fflat, ac roedd tri ohonan ni yn ei rhannu, David o Essex a oedd yn gweithio efo fi yn yr adran chwaraeon yn Harrods a Melvyn o Lanfair-pwll, hen ffrind oedd yn brentis efo fi yn y Tec ym Mangor.

Roedd bywyd cymdeithasol y cyfnod yna yn Llundain yn grêt a dweud y lleia. Does dim angen manylu! A minnau mewn parti tuag adeg 'Dolig '89, mi gwrddais â merch, Americanes flond oedd yn edrych yn union yr un fath â chymaint o ferched ifainc roeddwn wedi dod ar eu traws yng Nghaliffornia. Doedd yr obsesiwn efo pob peth *US of A* ddim wedi mynd, o bell ffordd, ac roedd hon yn fy nghyfareddu! Mi es allan efo hi er mai o New Jersey roedd hi'n dod ac nid Califfornia! Orange, New Jersey, oedd ei chartre, byd pobol sy'n debygol o gael eu gweld ar y gyfres *The Sopranos*, os ca i ei roi fel'na. Ond mi ddatblygodd ein perthynas. Roedd yn Llundain yn astudio, a'i thad yn berchen ar gwmni eitha mawr yn Wall Street, ac roedd swyddfeydd gan y cwmni drwy'r byd. Ei thad oedd yr MD. Un diwrnod, dyma hi'n dweud wrtha i y byddai ei thad yn cael gwaith i mi yn America, dim problem. Ar ben hynny, dywedodd y gallen ni'n dau fyw efo'n gilydd yn nhŷ ei rhieni. Mi aeth hi 'nôl adra ac mi drefnon ni y byddwn i'n hedfan allan ati rai wythnosau'n ddiweddarach.

Pan ddaeth yr amser, felly, ta ta Harrods oedd hi ac ar yr awyren i New Jersey â fi. Roeddwn 'nôl yn America! Ond, erbyn glanio, roedd stori fy nghariad ychydig yn wahanol i'r un a ddywedwyd wrtha i yn Llundain. Mae'n amlwg bod ei mam a'i thad wedi cael gair bach yn ei chlust, a'u bod wedi holi'n syml iawn ble cafodd eu merch y fath syniad boncers. Gwahodd dyn dieithr i fyw efo nhw a chynnig job iddo fo ar ben hynny! Ond roeddwn wedi landio, felly, cystal i mi aros efo nhw am gyfnod, ond ella na fyddai angen dadbacio'r bagiau. Roedd hyn dros gyfnod Dydd San Padrig ac mi es i fwynhau'r dathliadau, peth mawr iawn fan'no, a hynny efo ffrind i 'nghariad. Mi aeth â fi i hanner canfed llawr un o adeiladau Wall Street, lle roedd swyddfa tad fy nghariad. Roedd yr olygfa'n ddigon i fynd â 'ngwynt, yn llythrennol. Mi aethon ni wedyn i'r World Trade Centre, a mynd reit i dop un o'r ddau dŵr. Rhyfedd meddwl am hynny heddiw.

Ond doedd dim modd osgoi'r anochel ac mi ddaeth y dydd pan oedd yn rhaid i mi adael cartra'r cariad, a hynny heb y swydd roedd hi wedi'i haddo i mi. Dyma fi, felly, ar fy mhen fy hun mewn rhan gwbl ddieithr o America. Cofiais fod gan Brendan, y bûm yn byw efo fo yn San Diego, frawd o'r enw Art oedd yn gweithio i'r Sumitomo Bank yn Manhattan, Efrog Newydd. Dyma gysylltu â fo trwy Brendan, a chael neges yn ôl fod ganddyn nhw stafell sbâr y medrwn i aros ynddi. Mi yrrodd fy nghariad fi o Orange i Manhattan, ac at y bloc o fflatiau lle roedd stafell i mi. A dyna'r tro diwetha i mi ei gweld. Roedd yn ffarwél nid yn unig i'r rhieni, ond iddi hithau hefyd.

Roedd fy stafell newydd yn hyfryd. Stafell *penthouse* efo grisiau tro yn ardal Hell's Kitchen, lle y daeth Art a Betsy yn ffrindiau newydd i mi, yn ogystal â Shelley a Jeff oedd yn byw yno hefyd.

Mae'n siŵr eich bod yn gwbod beth sy'n dod nesa. Oedd, roedd angen dechrau chwilio am waith unwaith eto. Mi ddigwyddodd hynny'n eitha sydyn, diolch byth, a ches waith mewn Deli ar Madison Avenue, Manhattan. Mi ddysgais am hanfodion bywyd yr ardal yn eitha cyflym – y *pastrami and rye, with no pickle*, a phob math o bethau eraill oedd yn gwbl estron i mi cynt. Mi barodd y bywyd hwnnw am tua chwe wythnos ond roeddwn yn ymwybodol bod angen symud eto. Mae aros am gyfnod fel'na efo brawd i gariad eich cyfnither, oedd yn ddieithryn cyn i mi symud i fewn, yn gwthio'r croeso i'r eitha. Mi es i chwilio am le i mi fy hun. Gwelais fflat yn Harlem, ond roeddwn i fewn ac allan o fan'no'n gyflym iawn. Dim rhyfedd mai dim ond $260 y mis roedden nhw isio amdani. Roedd un lle bach welais i yn Manhattan yn $600 y mis. Doeddwn i ddim yn gallu fforddio byw yn Manhattan, roedd hynny'n amlwg.

Roedd angen gwneud penderfyniad. Roeddwn ar fy mhen fy hun, heb waith a heb le i fyw, a hynny mewn ardal ddrud iawn yn America. Yr ochr arall i America roedd pethau'n dipyn rhatach ac roedd gen i ffrindiau a theulu yno. Roedd yr ateb yn syml yn y diwedd a dyma fi'n penderfynu teithio 'nôl i Galiffornia. Roedd hedfan yn rhy ddrud, felly'r Greyhound amdani.

Draw â fi i Port Authority, prif orsaf fysys Efrog Newydd, yn ymyl 42nd Street a phrynu tocyn i ddechrau taith bedwar diwrnod ar draws yr Unol Daleithiau. Philadelphia, St. Louis, Albuquerque, Phoenix. Roedd yr holl enwau yma'n gwibio heibio wrth i mi eistedd yn fy sedd, enwau a fu'n byw ym myd y ffilmiau roeddwn wedi eu gweld adra. Roedd 'na ryw fajic yn perthyn i'w gweld go iawn, ac roedd enwau'n dod allan o'r dychymyg yn fyw o flaen fy llygaid. Fi oedd yr unig un ar y bỳs yna oedd yn mynd yr holl ffordd, *coast to coast*. Ond doedd dim prinder pobol yn mynd a dod ar hyd y daith. Anodd fyddai creu bywydau i rai o'r cymeriadau ddaeth ar y bỳs. Roedd sawl un yn gymeriad go iawn. Roedd un ferch wedi bod mewn rhyw gynhadledd *toiletries* ac wedi gwirioni ar fy acen ac fe ddywedai hynny wrtha i'n ddi-stop. 'Please talk more!' oedd y cais, fel petawn yn sioe un-dyn mewn syrcas. Roedd merch arall yn un o frodorion y Navaho ac wedi dianc o diriogaeth frodorol ei llwyth gan adael ei theulu hefyd. Ond roedd yn gorfod mynd yn ôl a dyna oedd hi'n ei wneud ar y daith hon. Mi rannodd hi nifer o chwedlau'r Navaho efo fi ar y daith, gan gynnwys dweud wrtha i am y sêr a'r hyn maen nhw'n ei olygu i bobol ei llwyth. Roedd yn ddifyr iawn clywed cyfoeth ei threftadaeth. Daeth rêl *hick* o Texas ar y bỳs wedyn, dyn oedd wedi mynd yn AWOL o'r fyddin ac wedi cael gorchymyn i fynd yn ôl. Roedd boi arall ar daith i Gettysburg i weld bedd ei gyndeidiau. Mae'n siŵr y byddai straeon fy nghyd-deithwyr ar y bỳs yn gwneud ffilm ddigon difyr.

Roeddwn ar y daith hon adeg streic gan gwmni Greyhound

ac yn aml wrth aros mewn gorsaf fysys byddai streicwyr yno'n chwifio eu baneri ac yn gweiddi 'Scab' ar y rhai oedd wedi mynnu parhau i yrru bysys. Roeddwn yn ei chanol hi! Mi ddysgais yn eitha cyflym fod 'na agwedd gwbl wahanol tuag at deithio ar fŷs yn America i'r hyn sy'n wir adra. Mae 'na ddywediad yn y wlad honno sy'n awgrymu mai dim ond pobol wallgo neu droseddwyr sy'n teithio ar fŷs. Tydy o ddim yn ffordd dderbyniol o fynd o fan i fan. Yn sicr does 'na ddim awgrym o'r sentiment a ddaw'n amlwg yng Nghymru mewn caneuon yr un fath â 'Bysys Bach y Wlad'.

Mi gyrhaeddais Los Angeles a mynd i Mission Viejo unwaith eto. O fan'no, mi es 'nôl i San Diego at gwch yr *Apollo* a JJ, y sgipar, i ofyn am waith. Ond ers i mi fod i ffwrdd, bu rhyw draffarth efo'r Mecsicans, yn ôl yr hyn roeddwn yn ei ddeall. Roedd y perchennog, nid JJ, yn amheus o fy nghyflogi. Felly, doedd dim gwaith i mi yn y man lle roeddwn yn ffyddiog y byddwn yn ei gael. Mi arhosais efo Brendan yn San Diego am ryw wythnos, wythnos anodd iawn yn llawn partïon pwll nofio ac ati! Wythnos hollol *crazy*! Dyma pryd wnes i gael profiad a wnaeth gydio yndda i ac sydd heb ollwng gafael hyd heddiw.

Mi ddaeth Brendan i glywed rywsut fod tîm rygbi Cymru yn dod i chwarae yn San Diego ac mi ddwedodd wrtha i. Er nad oedd gen i fawr ddim diddordeb mewn rygbi ar y pryd, roedd y ffaith bod tîm rygbi Cymru yn yr un ddinas, a finnau mor bell o wlad fy mebyd, yn ddigon i wneud i mi fod isio mynd i'w gweld. Ond nid tîm Cymru oedd yno mewn gwirionedd ond tîm y Scarlets o Lanelli ar eu taith haf. Doedd hynny ddim yn newid dim i mi, mewn gwirionedd, am ei fod yn dal i gynnig cyfle i fwynhau cwmni cyd-Gymry. Mi welais y gêm a chwrdd â nifer o'r chwaraewyr, gan gynnwys rhai lliwgar fel Moonie – Rupert Moon – a'r hyfforddwr llwyddiannus, Gareth Jenkins. Doeddwn i ddim yn gyfarwydd iawn â phwy oedd pwy yng nghlybiau Cymru, ond mi ddois i'w nabod yn eitha da wedi hynny. Wedi'r gêm, mi es am bryd o fwyd efo'r garfan i le bwyta Mecsican a chael noson Gymreig draddodiadol ddigon hwyliog yn llawn canu – yn y traddodiad rygbi gora! Doeddwn i ddim wedi dod ar draws unrhyw Gymry ers amser hir ac roedd bod efo'r hogia rygbi'n fendith bur, yn enwedig gan fod nifer yn Gymry Cymraeg. Pan es i 'nôl adra wedi hynny, dyna pryd wnes i sylweddoli pwy fues i yn eu cwmni a dechrau dilyn y Scarlets o ddifri.

Yn San Diego, roedd y pres yn prysur ddiflannu a mwy a mwy o frys i ddod o hyd i waith, nes fy mod yn desbret, bron. Roedd Nancy, chwaer Mary Lou a Tom, yn byw yn Bodega Bay, lle ffilmiwyd *The Birds*, Alfred Hitchcock. Roedd hi a'i chariad, Jack, yn nabod sgipar llong o'r enw Karl. Mi wnes i hedfan wedyn o John Wayne Airport, Orange County, i fyny i San Francisco ac oddi yno i Sonoma County – y man lle daw gwin y Dalaith – ac i fyny i Bodega Bay. Roedd Karl o dras Almaenig ac yn berchen ar gwch pysgota. Mi es allan ar y môr, dim ond y ddau ohonan ni ar *salmon trawler*. Hen gwch, hen ffordd o bysgota a'r cyfan yn nwylo medrus hen sgipar. Ond roeddwn yn dal i bryderu ei bod hi'n sefyllfa beryglus tu hwnt. Dim ond fi a fo, iawn, ond ar ben hynny roedd 'na dair weiran yn mynd o'r llong, heibio fy nghorff, ac at y môr lle roedd y pysgod wrth gwrs. Ar bob weiran, roedd 'na res o fachau, a finnau wedyn yn gorfod rhoi abwyd ar bob bachyn wrth iddyn nhw fy mhasio. Roedd Karl am i mi roi'r abwyd ar y bachau dipyn cynt nag oeddwn i'n gallu gwneud mewn gwirionedd. Mi oedd yr holl beth yn brofiad pryderus dros ben. Yn y ffilm *Perfect Storm* mae bachyn yn mynd i fewn i law cymeriad Mark Wahlberg ac yn ei lusgo i'r môr. Dyna'n union oedd yn fy ngwynebu innau, allan ar y môr oddi ar San Francisco – man oedd hefyd yn gartre bridio siarc y Great White. Doedd hi ddim yn sefyllfa gysurus o gwbl. Roedd y posibiliadau'n amlwg felly; os nad oeddwn yn mynd i foddi roeddwn yn mynd i gael fy mwyta! Dim syndod mai dyna'r tro cynta yn fy mywyd i mi deimlo ofn go iawn, ofn pur, ofn nes oeddwn yn sâl.

Os oedd 'na fantais o gwbl i deimlo fel'na, yna'r ffaith i mi ymateb yn y fath fodd mor gynnar yn y daith oedd hynny. Mi welodd Karl sut roedd yr holl beth wedi effeithio arna i ac fe ddwedodd ei fod yn mynd allan i'r môr am dridiau ond nad oedd yn rhy hwyr i fynd â fi 'nôl i Bodega Bay os mai dyna oedd orau i mi. Roedd cwestiynau'n troi a throsi yn fy mhen. Oedd y sefyllfa roeddwn yn ei hwynebu'n werth y ffordd roeddwn yn teimlo? Oeddwn i angen y gwaith gymaint â hynny? Pe byddai damwain yn digwydd i mi, dim ond Karl fyddai yno – a fyddai o'n gallu fy nhynnu o'r môr llawn siarcod petai angen? Rownd a rownd yn fy mhen, roedd cwestiynau tebyg yn corddi. Yn y diwedd, 'nôl â fi at y lan. Mae'n siŵr y byddwn wedi gallu dygymod â'r holl sefyllfa'n well erbyn hyn, ond fel'na roedd pethau'r adeg hynny.

Roedd angen chwilio am waith arall wedyn, wrth gwrs, ac mi ges i job yn pacio rhew yn Diekmann's Bay Store. Roedd y stôr ei hun wrth ymyl y môr, a'r ochr arall iddi roedd y Pacific Coast Highway, y PCH. Roedd tŷ Jim Diekmann ar y bryn, yr ochr arall i'r PCH. Beth yw arwyddocâd hynny? Wel, mi roedd peiriant iâ Jim yn garej ei dŷ lle roedd angen i mi bacio'r rhew. Roedd gofyn llwytho'r paciau iâ i mewn i'r hyn oedd yn cyfateb i droli Tesco a chludo'r cyfan i'r Bay Store – ar draws y Pacific Coast Highway. Os oedd y siarcod yng nghwmni Karl yn un math o beryg, roedd math gwahanol yng nghwmni Jim. Mae'n siŵr ei bod yn olygfa ryfedd, gweld y boi 'ma'n gwibio ar draws lonydd y PCH, gan wthio troli'n llawn bagiau iâ. A fi oedd y boi hwnnw! Sylwodd Jim ar hyn yn y diwedd, ac mi drodd ata i un dydd a dweud, 'Hey Julian, you shouldn't be using the cart, use my truck.' Grêt, medda fi. Heblaw am y ffaith nad oedd gen i drwydded yrru wrth gwrs! Ond doedd hynny'n gwneud dim gwahaniaeth ac i mewn â mi i'r tryc er mwyn cludo'r iâ ar draws y ffordd. Ond roedd y brêc llaw mewn man gwahanol ar y trycs yma. Doedd o ddim yn frêc llaw o gwbl, mewn gwirionedd, ond pedal ar y llawr i'w wasgu efo 'nhroed. Doeddwn i ddim yn gallu deall hyn ac wedi llwytho'r iâ mi yrrais y tryc am yn ôl er mwyn ei droi i wynebu'r cyfeiriad cywir. Ond gwasgais y pedal anghywir a methais â stopio'r tryc yn syth a bu sgrialu mawr ar y cerrig mân, a lot fawr o sŵn, nes i mi stopio'r cerbyd droedfeddi o'r PCH. Oedd, mi roedd y troli'n saffach!

Cyn bo hir wedyn, roedd 'na barti pen-blwydd priodas i

rieni Tom, Nancy a Mary Lou. Roedd y rhieni'n byw yn Palm Springs ac mi ddaeth y teulu ynghyd o bob rhan o America ac ymgynnull mewn gwesty ger Lake Tahoe. Mi es i lawr efo Jack a Nancy, gan fy mod yn dal i fyw efo nhw yn Bodega Bay. Yno, mi wnes gyfarfod â chefndar arall i mi, Charlie. Model oedd o wrth ei waith ac yn un llwyddiannus iawn yn gweithio yn Milan, Tokyo, Paris a phob man. Roedd ei ffrind, Crispian Belfrage yn dod o Loegr. Roedden nhw'n byw yn LA. Ac fel oedd yn digwydd i mi yn aml allan yn y Stêts mi ddywedon nhw y dylwn i fynd i aros efo nhw.

Mae angen sôn am rywbeth arall rŵan, rhywbeth roeddwn yn ei wneud gryn dipyn yn Bodega Bay. Mi ddes yn ffrindiau efo Eric, mab Jack. Roedd o'n awyddus i drio gwneud ei farc yn y byd ffilmiau annibynnol ac, o ganlyniad, roeddwn yn gwylio ffilmiau efo fo. Roedd gen i ddiddordeb mewn ffilmiau erioed, ers i mi fod yn blentyn. Mi wnaeth hynny dyfu a thyfu a minnau adra o'r ysgol gymaint oherwydd salwch. Roedd y dyddiau hynny'n rhai hir ac roedd gwylio ffilmiau'n ffordd o'u byrhau. Felly, roedd hi'n amhosib gwrthod cynnig i fynd i fyw yn LA, prifddinas ffilmiau'r byd. Dyna wnes i, felly, a rhannu fflat efo Charlie, Crispian, Gary ac Annie, cariad Gary.

Roedd Gary'n cyfarwyddo dramâu llwyfan, rhai *downtown* LA yn hytrach na Hollywood. Roedd Annie'n actores. Roeddwn yn edrych ar ffilmiau di-ri yn y cyfnod yna, hynny yw, pan nad oeddwn yn mynd i Tower Records. Roedd byd newydd yn ffurfio o 'nghwmpas rŵan, un oedd yn adeiladu ar ddiddordeb oedd gen i ers dyddiau ysgol 'nôl ym Mrynteg. Roedd Charlie, er yn fodel, yn awyddus i droi at actio, fel Annie, ac roedd Gary yn cyfarwyddo. Wedyn, dechreuais chwilio am waith fel ecstra mewn ffilmiau fy hun. Roeddwn yn y pictiwrs un nos yn gwylio ffilm, un o ffilmiau De Niro dw i'n credu, a dw i'n cofio meddwl, 'Fedra i wneud hyn fy hun!' Yn sicr, mi allwn roi cynnig arni o leia. Roedd y lleill yn fy annog hefyd, chwara teg iddyn nhw. Yna, wrth i mi ddarllen cylchgrawn *Interview*, yr un ddechreuwyd flynyddoedd ynghynt gan Andy Warhol, mi wnes benderfyniad. Ffoniais Mam a Dad a dweud fy mod ar fy ffordd adra. Roedd yna ail benderfyniad yn dilyn cyhoeddi'r cynta. Dywedais wrthyn nhw fy mod am drio bod yn actor. Os oedd 'na groeso twymgalon i'r cyhoeddiad cynta, doedden nhw ddim yn sicr sut i ymateb i'r ail, mae'n siŵr. Ond roedd popeth yn iawn, roeddwn ar y ffordd 'nôl i Ynys Môn wedi'r cyfan. Doedd dim gobaith gwneud bywoliaeth yn America; doedd gen i ddim *Green Card* a doedd dim pres ar ôl. Ar y gorau, roedd y syniad o actio wedi cydio go iawn a rhaid oedd rhoi cynnig arno. Roedd yr holl syniad yn teimlo'n iawn, roeddwn yn teimlo'n gryf am y peth, er nad oeddwn wedi camu ar lwyfan erioed o'r blaen. Roedd rhywbeth yn dweud wrtha i fy mod yn medru ei wneud.

Roeddwn yn darllen am RADA, y coleg drama yn Llundain, yng nghylchgrawn *Interview* o hyd. Roeddwn i mor naïf, roeddwn yn gwbl grediniol mai dyma oedd yr unig goleg drama ym Mhrydain. Roedd yn syml, felly: dyna lle roedd yn rhaid i mi fynd, heb unrhyw amheuaeth. Mi wnes i feddwl am fynd i'r American Academy of Dramatic Arts ond wnes i'm meddwl llawer am hynny chwaith. Doedd dim gobaith cael grant i fynd yno i ddechrau a chan nad oeddwn erioed wedi bod mewn coleg adra, ac felly heb hawlio unrhyw fath o grant, ella y byddai grant i mi fynd i RADA. Dyna fy ffordd o feddwl. Syml.

Mi ddaeth yn amser ffarwelio unwaith eto felly. Ffarwél i fy nheulu'r ochr arall i'r Iwerydd a'r holl ffrindiau wnes i yno a ffarwél i'r holl brofiadau gwych. Roedd yn rhaid cau'r drws ar y ffordd yma ond, y tro hwn, roeddwn yn gwybod pa ffordd newydd oedd o 'mlaen. Doeddwn i ddim yn siŵr sut y byddwn yn ei chyrraedd ond roeddwn yn gwybod y byddai'n arwain at lwyfan neu set.

5

Fedra i fod yn actor!

MI DDOIS 'NÔL i Fôn Mam Cymru felly â breuddwyd glir yn fy meddwl. Y realiti, fodd bynnag, oedd mai dod 'nôl i labro wnes i! Gwaith bôn braich ar ffarm Mam a Dad am eu bod nhw wrthi'n ail-wneud yr adeiladau yn Storws Wen, hen dŷ Nain a Taid lle cafodd Mam ei magu. Roedden nhw am fyw mewn un tŷ a rhentu'r ddau arall. Roedd digon o waith felly. Ac am ryw gyfnod, roedd yn braf cael bod 'nôl ar sefydlogrwydd yr aelwyd. Ond mi ddaeth yr adeg pan oeddwn yn gweld isio'r annibyniaeth oedd wedi bod yn ffordd o fyw i mi yn America. Roeddwn wedi dechrau dilyn fy mreuddwyd a gwneud ymholiadau ynglŷn â RADA ond doedd dim byd pendant wedi digwydd hyd yn hyn. Mi benderfynais yn y diwedd mai mynd 'nôl i Lundain oedd y peth gorau i mi ac mi ges job 'nôl yn Harrods yn yr adran chwaraeon. Roedd hi'n gyfnod y sêls ac roedd angen gweithwyr ychwanegol am ryw fis. Trodd hwn yn benderfyniad call am i mi gael gwybod, tra 'mod i yn Llundain, fod RADA yn cynnig clyweliad i mi. Roedd pethau'n dechrau siapio.

Ar gyfer y clyweliad, roedd gofyn i mi baratoi un darn clasurol ac un modern. Doedd gen i'm llawer o syniad pa fath o waith oedd yn perthyn i ba gategori. Roeddwn i'n cofio mynd i weld rhyw ddrama Shakespeare ym mlwyddyn pump yn yr ysgol gyfun ond doeddwn i ddim yn cofio enw'r ddrama heb sôn am y stori neu rannau ohoni. Yr unig gof oedd gen i o'r trip yna oedd i ni hogia daflu papurau pethau da 'nôl a blaen at ein gilydd a chael cweir am wneud. Roedd angen gwaith ymchwil felly. Roedd yn dipyn haws gwneud hynny efo 20% o ddisgownt yn Harrods. I lawr â fi i'r adran fideos, felly, a phrynu *Richard III* efo Laurence Olivier a *Look Back in Anger* efo Richard Burton. 'Nôl yn fy fflat yn Grove Park roeddwn yn edrych ar y fideos yma'n ddi-baid ac yn paratoi un darn o bob un ar gyfer y clyweliad.

Mi ddaeth y diwrnod mawr a draw â fi i RADA. Roeddwn wedi paratoi dwy araith: un o *Richard III* a'r llall o *Look Back in Anger*. Mewn gwirionedd, mi roeddwn i'n lwcus fy mod yn gallu dynwared yn eitha da. Felly mae'n siŵr mai 'fersiwn Julian' o Laurence Olivier a 'fersiwn Julian' o Richard Burton oedd gen i yn fy mhen wrth gyrraedd RADA. Ond roedd digon yn fy mhen hefyd i wybod y byddai angen ychydig mwy na dim ond hynny. I mewn â fi i'r stafell, yn gwisgo *duffle coat* roedd Dad wedi ei gwisgo yn y Llynges. Mi welais fod piler yn y stafell a dyma fi'n cuddio y tu ôl iddo. Roeddwn yn credu y byddai'n eitha dramatig i mi ddod allan o'r tu ôl i'r piler a dechrau'r araith glasurol, 'Now is the winter of our discontent...' Roedd wynebau'r rhai oedd yn edrych arna i'n bictiwr llwyr. Roedd rhyw olwg, 'Be uffarn ma hwn yn ei wneud?' ar wyneb pob un ohonyn nhw. 'Mlaen â fi wedyn i orffen popeth oedd gen i, cyn ateb eu cwestiynau. 'How did you think that went?' gofynnodd un i mi â phlwmsan anferth yn ei geg. 'Wel,' medda fi, 'I think I remembered all the words.' 'It's not about remembering words, darling!' oedd y neges ddaeth 'nôl, os nad yr union eiriau. Allan â fi wedyn. Dyna'r actio cynta o unrhyw fath i mi ei wneud erioed, fy nghlyweliad i RADA. Roedd y rhyddhad o lwyddo i wneud yr hyn wnes i yn ddigon amlwg. Wrth gerdded heibio rhes o fyfyrwyr eraill a oedd yn aros i fynd i fewn yn ddigon nerfus a phetrusgar, mi ddwedais yn uchel wrth bob un, 'Hey, it's fine, there's nothing to it. It's a piece of piss!'

Ches i mo fy lle yn RADA. Doedd hynny ddim yn syndod. Wrth ymweld â llyfrgell yn Bromley mi edrychais trwy un llyfr a gweld rhyfeddod – rhestr hir o golegau drama eraill trwy Brydain. Nid RADA oedd yr unig un yn y byd wedi'r cyfan, felly! A dyna ddechrau ymgyrch i gysylltu â nifer o rai

Merched fferm Glandwr: Anti Jini, Hen Nain Glandwr a Nain Storws.

Fy nhaid yn bwydo gwartheg Storws yn y pumdegau.

Taid a Nain Llanfair, Dad a'i ddau frawd, Glyn a Frank, 1951.

Storws Wen, fy nghartre cynta.

… a Hafod y Rhos, a gafodd ei adeiladu ar un o gaeau Storws Wen. Dyma lle y treuliais i'r rhan fwya o fy mhlentyndod.

Taid a Nain Storws efo fy mam yn 8 oed
yn Storws Wen, Brynteg, 1949.

Mam yn 16.

Mam yn ei hugeiniau.

Dad a Mam ar eu gwyliau.

Yncl Glyn a fy nhad yn hogia yn Llanfairpwll.

Halen yn y gwaed! Fy nhad efo Ifan Morris ar gwch y teulu, y Fenai, 1951.

Dad yng nghaban ei long ar ôl bod trwy Camlas Suez, 1959.

Dad yn edrych allan i'r Môr Tawel, 1962.

Y morwr balch ym Mangor ar ôl gwneud ei fordaith gynta, 1956.

Fi a fy nhad.

Ym mreichiau fy annwyl fam ar ddiwrnod fy medyddio – Storws Wen, Tachwedd, 1968.

Babi Storws yn y pram yn mynd i hel wyau!

Fi'n flwydd oed.

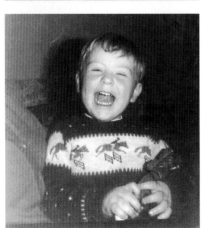

Fi'n ddyflwydd oed.

Fi a Nain Storws.

Fi ar fy mhen-blwydd yn 3 oed.

PC Julian Lewis Jones!

Plant Brynteg yn croesawu fy chwaer Anna adre ar ôl iddi gael ei geni, 1971.

Fy nhractor cynta!

Fi, Mam ac Anna.

Anna a fi yn cael picnic ar stepan drws Hafod y Rhos.

Hefo fy Yncl Wil yn Hafod y Rhos, Ionawr 1973.

Ydw, dw i wedi bod yn hogyn da, Siôn Corn!

Nain Llanfair, Nain Storws, Anna a fi.

Fy chwaer Anna, yn ei harddegau, o flaen Hafod y Rhos.

Un o'r pysgod cynta i fi eu dal
– yn 14 oed.

Fy nhad a fi yng Nghernyw
pan oeddwn yn 14 oed efo
slywen fôr 21 pwys! Dechrau'r
obsesiwn pysgota!

Cath fôr yn Aberystwyth,
a finnau tua 15 oed.

Glyn ac Iwan Tŷ'r Ardd
a fi yn chwarae snwcer.

Un o'r hogia a oedd yn
gyfrifol am fy ngwneud
i'n 'sgotwr(!): Elfyn Huw ar
greigiau Llam Carw mewn
tywydd garw.

Dad a fi yn ddau digon balch
yng ngardd Hafod y Rhos!

Primin Môn efo Ieuan Evans, fferm Nant Bychan, 1982.

Rhyfeddod gweld *basking shark*, Moelfre, 1982. Dyma y cyfnod lle mi oeddwn wirioneddol eisiau bod yn Marine Biologist

Mwynhau cwmni hogia Pittenweem yn yr Alban, 1984.

Dyddiau cynnar pysgota yn 16 oed efo Clwb Bass Bangor, 1985.

Dechrau codi pwysau yn 16 oed, 1985.

Dillad posh i'r Octagon, 1986!

Tîm Pysgota
Cwch Cymru, 1987.

Clwb Pysgota Amlwch
yn Donegal, 1987.

Yr hogia'n mentro i'r
Majestic, Caernarfon!
Paul, Bryn a fi, 1987.

Fi a Chris Cook o
New Jersey yn Gold's,
Llundain, 1988.

Y fflat cyngor yn
Bermondsey, 1988.

Fy nheulu Americanaidd, y teulu Davis, a oedd mor garedig i fi tra oeddwn yn byw yng Nghaliffornia. Yn y cefn: Scott, Tom a Britt. Yn y blaen: Sherri, Gillie y ci, Val a Suzy.

'Surfer dude' o Sir Fôn! Noson dathlu fy mhen-blwydd yn 21 oed yn nhŷ y teulu Davis, Mission Viejo, Awst 27, 1989 . Tipyn o syrpréis!

Y 'Three Amigos': Brian Rhodes, Brendan Murphy a John Ohman. Efo nhw roeddwn yn rhannu fflat yn San Diego yn 1989/90.

Fy nheulu Americanaidd a groesawodd fi i America ym mis Mawrth 1989: Mary Lou, Chuck a'r plant, Jeanette a Jeff. Maen nhw a'r teulu Davis i gyd yn agos iawn ataf a byddaf yn gwerthfawrogi eu caredigrwydd am byth.

Dosbarth cwrs Perfformio Drama, Coleg Cerdd a Drama Cymru, 1991.

The Shaughraun, Coleg Cerdd a Drama, 1993.

Paul Ireland a fi yn *Loose Ends*, Coleg Cerdd a Drama, 1993.

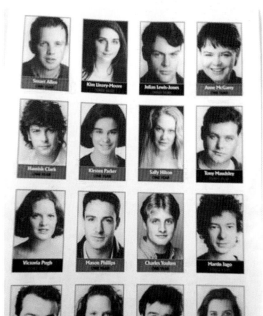

Graddio o'r Coleg Cerdd a Drama: Kim a fi ar y top yn y canol, 1994.

Anti Mair, Mathafarn yn 81 oed, 1994 –
un o brif gymeriadau fy mhlentyndod
ym mhentre Brynteg.

Y llun proffesiynol cynta, 1994.

Kim a fi ym mhriodas fy nghyfnither
Cathryn, Eglwys Llanarthne, 1995.

Robin Eiddior, Jeremi Cockram, finnau a Dic Lewis, y cyfarwyddwr, gyda chriw
Y Weithred ar y set yn ardal Llanuwchllyn, haf 1995.

Hogia pentre Brynteg wedi tyfu i fyny!

Diwrnod y briodas, 1996.

Noson y briodas, 1996.

Y mis mêl – pysgota oddi ar Cobh, Swydd Cork, 1996.

Gweld Ieuan am y tro cynta, Ysbyty Gwynedd, Hydref 18, 1997.

Nain a Ieuan, Storws Wen, 1997.

Bedyddio Ieuan yng Nghapel Soar, Brynteg, 1998.

Arwyn, tad bedydd y tri, efo Ieuan, Dydd Gŵyl Dewi, 1998.

eraill. Rhyfeddod mwy fyth oedd gweld bod coleg drama yng Nghaerdydd. Roedd hynny'n dipyn o ddatguddiad. Symudais yn ôl i Storws yn ddyn â hyder newydd. Roeddwn wedi cymryd y cam cynta tuag at wireddu'r freuddwyd. Ches i mo fy newis. Ond doedd o ddim yn drychineb o glyweliad. Roedd pwrpas newydd gen i. Mi wnaeth hynny hi'n haws symud 'nôl i fyw adra hefyd. Tra oeddwn yno, clywais i mi gael clyweliadau yn LAMDA, Llundain, yr Old Vic ym Mryste a Choleg Brenhinol Cerdd a Drama Cymru yng Nghaerdydd.

Roedd y tri clyweliad o fewn ychydig ddiwrnodau i'w gilydd. Dyna'r sialens gynta. Ac un yn Llundain, un ym Mryste a'r llall yng Nghaerdydd, wrth gwrs. A dyna'r drefn hefyd. Roeddwn yn lwcus iawn o ddau ffrind, Bryn Jones a Paul Dundee, y bues yn gweithio efo nhw yn Aliwminiwm Môn. Roedd y ddau yng Ngwlad yr Haf a modd cael lle i aros. Felly mi wnes LAMDA a Bryste yr un diwrnod, aros dros nos cyn mynd i lawr i Gaerdydd. Ond cyn gwneud hynny i gyd, roedd yn rhaid gorffen y jobyn pwysig; gosod *septic tank* newydd yn Storws! Dyna beth oedd gwaith caled. Erbyn diwrnod y clyweliad, roedd y croen ar fy nwylo wedi rhwygo i gyd ac yn edrych yn eitha garw.

Mi aeth clyweliadau LAMDA a Bryste yn iawn a daeth diwrnod y clyweliad yng Ngholeg Brenhinol Cerdd a Drama, Caerdydd. Mi aeth hwnnw'n dda hefyd a phan oeddwn adra yn Storws un dydd ddim yn hir ar ôl hynny, mi ddaeth neges i mi fynd am ail glyweliad – rhaid bod Andrew Neil, Pennaeth Actio'r coleg, wedi gweld rhyw fath o *raw talent* ynddo i! A gwell fyth, roedd yna opsiwn y tro hwn i mi berfformio darnau yn y Gymraeg os oeddwn am wneud hynny. Roedd gen i ychydig wythnosau cyn gorfod mynd 'nôl i lawr i Gaerdydd a digon a amser i baratoi'r gwaith felly. Mi ddewisais *Ac Eto Nid Myfi*, drama gan John Gwilym Jones ac *Alfie*, y rhan a wnaed yn enwog gan Michael Caine yn y ffilm o'r un enw. Ar ddiwrnod y clyweliad roeddwn yn gwybod hefyd y byddai angen gwneud darn byrfyfyr. Roedd yn rhaid gwneud y rhan yna o'r clyweliad efo rhai o'r myfyrwyr eraill a oedd yno am yr un rheswm. Roedd hyn oll ar ddechrau Mai. Erbyn diwedd y mis, mi ddaeth y neges i ddweud fy mod wedi cael fy nerbyn i Goleg Brenhinol Cerdd a Drama Caerdydd. Roeddwn uwchben fy nigon!

Roedd yn deimlad braf gwireddu'r freuddwyd yna ddechreuodd yn ddigon ansicr draw ar arfordir pella'r Unol Daleithiau. Roedden nhw'n fisoedd digon ansicr ar ôl dod 'nôl o Galiffornia a hynny heb wybod a fyddwn i'n gallu bod yn actor neu beidio ac a fyddwn i'n gallu hyd yn oed cael y cyfle i drio bod yn un. Roedd yr ail bryder wedi ei dawelu o leia. Ond hefyd, yn y misoedd hynny pan oeddwn yn aros, doedd dim prinder sylwadau gan rai oedd yn amau fy mwriad, yn gwneud sbort am fy mhen am gael y fath syniad, yn fy wfftio am wastraffu amser a rhai yn ddigon clir eu meddwl ac yn gwbl grediniol nad oedd gen i obaith caneri o gael i fewn i unrhyw goleg heb sôn am ddechrau actio. Roedd yn deimlad braf cael y llythyr yna yn fy nerbyn i'r Coleg – jyst er mwyn gallu tawelu pob Tomos amheus. Roeddwn wedi gwneud yr hyn yr oeddwn wedi anelu i'w wneud. Roeddwn wedi profi pobol yn anghywir.

Wedi haf o waith ar y llinell gynhyrchu yn hen ffatri'r Bwrdd Marchnata Llaeth yn Llangefni a oedd nawr yn gwmni cynhyrchu caws o'r enw Glanbia, mi es i lawr am Gaerdydd ar ddiwedd Medi er mwyn dechrau bywyd fel stiwdant drama yn ddau ddeg tri oed. Roedd angen dod o hyd i le i aros a'r holl drefniadau cysylltiedig. Mi ges fflat ar Albany Road, un i'w rhannu efo boi o'r enw Daniel o Nigeria. Roedd carpedi'r fflat mor denau, roeddwn i'n grediniol iddyn nhw gael eu peintio ar y lloriau!

Erbyn i'r cwrs ddechrau, mi ddaeth yn gwbl amlwg yn gyflym iawn fy mod allan o'm dyfnder yn llwyr. Roeddwn ynghanol pobol ieuengach na fi ar y cyfan a'r rheini wedi gwneud Drama yn yr ysgol, wedi bod yn rhan o ryw theatr ieuenctid neu'i gilydd tra oeddwn i wedi bod allan o fyd addysg yn llwyr bron ers rhyw saith mlynedd a heb actio dim beth bynnag. Roedd yn deimlad rhyfedd bod yn rhan o'r fath fyd digon rhyfedd ac afreal. Rhyddhad a phleser llwyr oedd dod o hyd i ryw ddau neu dri arall a oedd wedi dilyn llwybr digon tebyg i mi at ddrws y Coleg Cerdd a Drama. Roedd un boi wedi bod yn y fyddin, un arall wedi gweithio ym musnes pysgod ei dad ac un arall wedi bod yn gweithio mewn gwersylloedd haf yn America. Mi fues yn rhannu fflat efo rhai o'r rhain yn Albany Road yn ystod y Pasg y flwyddyn gynta honno. Mi rydw i'n falch iawn o ddweud i'r tŷ yna gael yr enw The Party House! Mi helpodd hynny fi i setlo gryn dipyn.

Ond roedd gwaith y cwrs yn dal yn ddiflas tu hwnt. Doeddwn i ddim yn gallu ei gymryd o ddifri o gwbl. Doeddwn i ddim yn credu i mi fynd i wneud y cwrs yna er mwyn cogio bod yn ddarn o wymon neu yn goeden; doeddwn i ddim yn awyddus iawn i ddychmygu fy hun yn nofio mewn rhyw hylif euraidd a rhyw rwtsh fel'na. Oherwydd hyn, pan oeddwn yn y sesiynau yma, roeddwn yn teimlo'n lletchwith iawn, yn lletchwith yn fy nghorff ac yn hunanymwybodol tu hwnt. Roedd gwersi i fy hyfforddi i fod yn actor yn gwneud i mi deimlo'n anghyfforddus fod pobol yn edrych arna i. Roedd rhywbeth o'i le fan'na.

Fy hoff wers i oedd yr un efo Paul Clements ar bnawn dydd Gwener pan oeddwn yn gwneud gwaith byrfyfyr. Roedd o'n rhoi ychydig o gefndir i ni a chefndir y person oedd yn cymryd rhan efo ni, a ffwrdd â ni. Roeddwn yn teimlo bod modd bod yn real mewn sesiynau o'r fath, roedd modd defnyddio fy mhrofiadau fel person nid dim ond fi fel actor. Mewn ffilmiau roeddwn i isio actio, bod fath â De Niro, Mickey Rourke neu Pacino a'u tebyg. Roedd y sesiynau hyn yn golygu y byddwn yn llawer mwy tebygol o gyrraedd y nod yna na'r rhai'n ymwneud â gwymon a choed. Roedd y flwyddyn gynta yn eitha prawf ar fy mreuddwyd i fod yn actor mae'n rhaid dweud. Y peth gorau i'w ddweud amdani oedd iddi ddod i ben.

Diolch byth, roeddwn yn cael cydio mewn dramâu go iawn rŵan. Mi ges ryw flas ar ddrama yn y flwyddyn gynta am fod myfyrwyr y flwyddyn ola yn mynd ar daith efo fersiwn Gymraeg o'r ddrama *Brand*. Roedd angen actorion ychwanegol arnyn nhw ac mi ges fy newis. Prif arwyddocâd y daith honno i mi oedd mai dyna'r tro cynta erioed i mi actio ar lwyfan o flaen cynulleidfa. Mi dorrodd hynny rywfaint ar ddiflastod y flwyddyn gynta. Ond mi wnaeth y profiad ddangos un peth amlwg i mi. Doedd 'na ddim rhyw gefnogaeth aruthrol i bethau Cymraeg yn y Coleg. Doedd dim anogaeth amlwg i hybu dramâu yn yr iaith. Mi ddechreuais droi yn dipyn mwy Cymreigaidd wrth fod ynghanol y diffyg diddordeb hwn. Ces yr argraff yn ddigon cryf nad oedd pobol yn cymeryd y Cymry Cymraeg o ddifri. Doedden ni ddim yn perthyn go iawn i'r sefydliad er ei fod yn ein gwlad ni. Daeth yr agwedd hon i'r amlwg, nid yn unig yn y ffordd roedden nhw'n ymateb i'r Cymry Cymraeg a'r cynyrchiadau Cymraeg, ond yn y math o ymarferion roedden nhw'n eu rhoi i ni. Er enghraifft, mi wnaeth un darlithydd roi cân i ni ei dysgu, rhyw 'Ukranian Goat Chant' neu'i gilydd. Doedd dim yn bod arni fel y cyfryw, ond beth am roi rhywbeth i ni oedd yn rhan o dreftadaeth Cymru? Mae ganddon ninnau'n traddodiadau hefyd.

Yn ystod yr holl amser fues i'n teithio, theimlais i erioed yr angen i gwestiynu fy Nghymreictod. Roeddwn yn Gymro lle bynnag roeddwn i'n mynd. Rŵan, 'nôl yng Nghymru ei hun, roeddwn yn holi cwestiynau i mi fy hun ynglŷn â'r hyn roedd yn ei olygu i fod yn Gymro, i sôn am hawliau a chyfrifoldebau ac ati. Mi ddois yn dipyn mwy o Gymro o ganlyniad a rhaid diolch i'r Coleg am hynny er na fedraf faddau iddyn nhw am greu awyrgylch mor wrthun yn y lle cynta.

Yn yr ail flwyddyn, roedd modd gweithio ar ddramâu o ddydd i ddydd fel rhan o'r cwrs. Roedd pethau'n gwella. Mi berffomion ni *Romeo and Juliet* gynta, dw i'n cofio, ynghyd â sawl drama arall yn ystod y flwyddyn, gan gynnwys *Drums in the Night* gan Brecht, *Gas Light* gan Patrick Hamilton a drama fyrfyfyr o'r enw *Wish You Were Here*, a finnau'n chwarae'r brif ran mewn testun oedd yn ymdrin â diweithdra, cyffuriau, y digartre a sawl pwnc cymdeithasol arall! Un o'r pethau mwya pleserus wnes i yn y flwyddyn honno oedd drama efo Paul Ireland, fy ffrind ar y cwrs, sef *Loose Ends*. Drama am foi o'r Hebrides yn mynd i lawr i Glasgow yw hon ac mae'n hyfryd. Mae'r prif gymeriad yn ddigon diniwed ac yn mynd i Glasgow i chwilio am waith. Yno mae'n cwrdd â thipyn o *wide-boy* o'r ddinas, dyn â phroblemau meddyliol. Mae'r ddau yn helpu ei gilydd. Roedd hyn yn gyfle gwych i mi gael gafael iawn mewn rhan. Mi roddodd gryn dipyn o hyder i mi fwrw 'mlaen i hyfforddi fel actor. Mi wnes i deimlo fy mod wedi setlo yn yr ail flwyddyn honno. Ar ddechrau'r drydedd, mi wnaethon ni gynhyrchu sawl drama arall. Roeddwn yn dechrau cael prif rannau erbyn hynny. Mi ges brif ran arbennig o dda mewn drama o'r enw *The Shaughraun*, drama Wyddelig gan Dion Boucicault wedi ei lleoli yn ystod y blynyddoedd wedi'r newyn mawr yn Iwerddon. Roeddwn yn cael mwy a mwy o rannau tebyg. Mi ddaeth yn amlwg i mi mai'r pella roedd y rhannau'n mynd â fi i ffwrdd oddi wrthyf i fy hun, y gorau oeddwn i, y mwya cyfforddus. Pan oeddwn i'n fi fy hun, roeddwn yn *embarassed* ac yn hunanymwybodol. I raddau mae hynny'n dal i fod yn wir.

Mi wnaethon ni gynhyrchiad o ddrama *The Duchess of Malfi* gan John Webster hefyd. Mi gymera i seibiant yn y fan honno i sôn am stori arall a ddaw'n berthnasol wedi ei dweud. Ar ddiwedd y flwyddyn gynta, mi ddechreuais ganlyn merch oedd yn gwneud yr un cwrs â fi. Roedd Kim yn dod o Fryste. Mi wnaethon ni gyfarfod unwaith cyn dechrau'r cwrs a dweud y gwir. Pan es i 'nôl am yr ail glyweliad, a gorfod gwneud darn byrfyfyr, efo hi wnes i'r darn hwnnw. Fy nhasg ar y dydd oedd actio rhan ei gŵr hi, dweud wrthi fy mod yn hoyw, wedi cysgu efo dyn arall ac yn diodde o Aids. Dyna'r tro cynta i ni gyfarfod. Mi ddois i'w nabod wedyn fel hi ei hun, wrth gwrs, ac mi ddechreuon ni berthynas ar ddiwedd y flwyddyn gynta. Ond wedi rhai misoedd, mi orffennais efo hi a dechrau mynd allan efo merch o'r enw Carla. Tra oeddwn efo Carla, mi wnes i sylweddoli fy mod yn caru Kim o ddifri ac fe ailddechreuodd ein perthynas. Mi symudon ni i fyw efo'n gilydd mewn fflat ym Mhontcanna. Erbyn y drydedd flwyddyn, a ninnau'n dechrau ar y *Duchess of Malfi*, Kim oedd yn chwarae rhan y Duchess. Dwedwch mod i'n dangos ffafriaeth os mynnwch chi ond, i mi, Kim oedd yr actores orau yn ein blwyddyn ni. Roedd hi'n berson cymharol swil, ond doedd dim gwadu ei dawn actio.

Mi ddaeth y cwrs i ben, felly, a finnau wedi fy hyfforddi i fod yn actor ac mewn perthynas efo actores. Roedd angen mynd ati i chwilio am waith rŵan, i gysylltu efo asiantau, i drefnu clyweliadau a rhoi ein hunain ar yr un llwyfan â channoedd o bobol fel ni'n dau oedd newydd orffen coleg drama. Mi fues i'n ddigon lwcus i gael asiant yn weddol gyflym. Tua diwedd fy mlwyddyn ola mi wnes sioe efo actores o'r enw Susan Gilmore ac mi wnaeth hi, chwarae teg iddi, fy nghymeradwyo i'w hasiant. Mi wnaethon nhw fy ngweld yn perfformio mewn *showcase* yn Llundain a phenderfynu fy nerbyn. Roeddwn yn un o gleientiaid Christina Shepherd Associates. Roedd yn ddechrau da iawn i mi.

6

Cwestiwn yng nghae Storws Wen

CAFODD KIM A fi fflat newydd eto ar ddechrau'n cyfnod fel actorion proffesiynol, neu actorion di-waith a bod yn fanwl gywir. Roedd y fflat yma yn un hynod o fach ar Cathedral Road, Caerdydd, a chynrhon yn ei rhannu efo ni, gan eu bod nhw wedi dewis byw yn y papur wal. Ymhen hir a hwyr, mi ddaeth y cynnig cynta am waith. Mi gefais i ran mewn cyd-gynhyrchiad rhwng Theatr Ieuenctid y Sherman a Theatr y Sherman Cymru, Caerdydd. *A Generation Arises* oedd y ddrama ac roedd 'na ryw chwech actor proffesiynol ynddi a gweddill y cast yn aelodau o'r Theatr Ieuenctid, tua deugain ohonyn nhw i gyd. Roeddwn i'n chwarae rhan *marine* a oedd wedi dod 'nôl adra wedi bod mewn rhyfel.

Ond doedd dim modd parhau i fyw yn y fflat efo'r cynrhon. Nid am eu bod nhw'n gwmni gwael, ond am nad oeddwn ni'n gallu fforddio talu amdani. Felly, yr unig ateb oedd i Kim fynd 'nôl at ei rhieni ym Mryste a finnau i fyw mewn *bedsit* ar Heol Richmond, lle roedd fy nhraed yn cyffwrdd y rhewgell wrth i mi orwedd yn fy ngwely gyda'r nos. Doedd hynny, ac yn fwy pwysig, y ffaith nad oedd Kim a fi efo'n gilydd, ddim yn sefyllfa ddelfrydol. Penderfynodd y ddau ohonan ni mai'r ateb oedd i ni symud i Lundain. Dyna beth mae actorion sy'n chwilio am waith yn ei wneud, meddan ni, a rhaid i ni wneud yr un peth. Pimlico oedd ein cartra newydd ni wedyn, man digon delfrydol i ni allu cerdded i ganol y dre ac i'r West End. Delfrydol. Un stafell oedd o mewn gwirionedd, ond roedd modd tynnu drysau ar draws rhan o'r llawr a'u bolltio yn eu lle i wneud ail stafell. Os mai rhannu efo cynrhon oedden ni yng Nghaerdydd, roedd cwmni gwahanol efo ni yn Pimlico. Roedd yr hogia a oedd yn byw oddi tanon ni yn hoff iawn o goginio. Ond roedden nhw'n defnyddio garlleg ymhob dim. Roedd arogl garlleg parhaol yn ein fflat ni o ganlyniad. Fe fuon ni fan'no am ryw flwyddyn a hanner.

Roedd yn gyfnod prysur o fynd i weld cyfarwyddwyr castio, mynd i *castings* o bob math, a gwneud yn siŵr bod cymaint o bobol â phosib yn gwybod amdanach chi. Roedd mynd i glyweliadau ar gyfer hysbysebion teledu yn beth eitha poblogaidd ymhlith actorion yn yr un sefyllfa â fi a Kim. Ond doedd o ddim yn rhywbeth oedd yn apelio'n fawr atan ni'n dau. Cyn hir, mi ges i ran fechan mewn cyfres deledu a oedd yn boblogaidd iawn ar y pryd, *Soldier, Soldier* efo Robson Green a Jerome Flynn. Gwnaed saith cyfres ohoni erbyn y diwedd, rhyw 82 o raglenni i gyd. Mi ges ran Corporal Jimmy Flack mewn pennod yn y bumed gyfres. Daeth rhan yn *Casualty* wedyn. Roeddwn yn chwarae rhan Terry, dyn â phroblem efo'i galon. Mi benderfynais chwarae Terry fel 'Bangor lad' go iawn. Prin iawn yw'r Gogs sydd ar ddramâu Saesneg ar y teledu. Os oes 'na Gymro, mae o fel arfer o'r Cymoedd neu o Gaerdydd. Dyma fy nghyfle, medda fi, i wneud rhywbeth ynglŷn â hynny. Mi ges datŵ ffug a ffwrdd â fi! Doedd dim problem efo'r acen, wrth gwrs, a finnau wedi ei chlywed mor aml dros y blynyddoedd. Roedd yr 'aye' yn y lle cywir ar ddiwedd cymalau a brawddegau. Mi rydw i'n cofio cyfarwyddwr yn dod i fyny ata i a dweud, 'This "aye" thing your doin all the time, um, it's very confusing isn't it? Could you not do it so much maybe?' Mi wnes i dorri rhywfaint arnyn nhw ond 'Bangor lad' gafodd Terry fod.

Daeth cyfle wedyn 'nôl yng Nghymru. Roedd ffilm fawr ar waith gan S4C, *Y Weithred*, yn seiliedig ar yr ymgais i osod ffrwydron a chyflawni difrod yn Nhryweryn. Roedd y cynhyrchwyr am i mi wneud clyweliad ar gyfer rhan John Albert Jones, un o'r tri a fu'n cynllwynio i osod y bom. Emyr

Llew ac Owain Williams oedd y ddau arall. Mi gefais y rhan. Roedd hwn yn rhywbeth mawr iawn i mi, heb os. Rhan amlwg ar ffilm bwysig a saith wythnos o waith ffilmio. Roedd hynny'n golygu bod angen i mi fynd i ffwrdd o Lundain a Kim am gyfnodau hir, ond mi wnes i fynd 'nôl a 'mlaen ychydig o weithiau i weld Kim. Roedd hi'n gweithio yn BHS ar y pryd ar ôl gorffen gweithio yn un o'r siopau Pret a Manger sydd ymhobman drwy'r ddinas.

Profiad arbennig iawn oedd gweithio ar *Y Weithred*. Roedd yn stori wir i ddechrau, yn rhan o hanes Cymru. Roedd sgript Meic Povey yn drawiadol ac roedd modd dysgu gan bobol brofiadol fel y Cyfarwyddwr, Dic Lewis, a rhai o'r actorion eraill. Dilynwyd y gwaith hwn gan ryw fis o waith ar *Pobol y Cwm* cyn i mi fynd 'nôl i Lundain. Mi ges gynnig cytundeb hirach gan *Pobol y Cwm* wedyn ac mi wnes ei dderbyn. Ar y pryd, roeddwn yn talu £640 y mis am y fflat un stafell yn Llundain. Roedd angen ystyried symud i arbed arian a rŵan roeddwn wedi cael cynnig gwaith 'nôl yng Nghaerdydd. Roedd yn rhaid mynd 'nôl i Gymru felly. I Benarth â ni, a llwyddo i gael tŷ yno yn y Marina. Tŷ tair stafell wely wrth ymyl y dŵr a'r cychod yn mynd heibio'r drws ffrynt. Hyfryd. A dim ond £500 y mis oedd o. Roedd y ddau ohonan ni yn bendant yn teimlo i ni wneud y peth iawn wrth symud.

Ond tynnwyd cynnig *Pobol y Cwm* yn ôl. Hyd y dydd heddiw, dydw i ddim yn siŵr beth yn union ddigwyddodd. Buodd fy asiant yn trafod efo'r BBC am amser hir ond methwyd â chytuno ar delerau a oedd yn dderbyniol i'r ddwy ochr. Dwn i ddim a oedd 'na ryw elfen o fai ar y ddwy ochr hynny ond yn sicr doedden nhw ddim yn gallu gweithio efo'i gilydd. Doedd dim cynnig felly a dim gwaith. Roedd 'na deimlad od o *déjà vu* yn troi yn fy mhen. Roeddwn 'nôl yn yr un sefyllfa ag oeddwn wrth ffarwelio ag Anglesey Aluminium er mwyn bod yn aelod o'r Military Police. Ddigwyddodd hynny ddim chwaith. Roeddwn wedi cau un drws a doedd y llall ddim wedi agor. Doedd dim arian ganddon ni o gwbl. Felly, bu'n rhaid byw ar fudd-dal tai am gyfnod nes i'r gwaith ailddechrau.

Pan ddigwyddodd yr un peth eto fyth efo cyfres Gymraeg arall ychydig ar ôl hynny, mi gododd pwynt digon amlwg yn fy meddwl. Ces gynnig rhan yn y gyfres *Pengelli* ar S4C ond fe dynnwyd y cynnig yn ôl ar ôl i mi ei dderbyn. Yr hyn ddaeth yn amlwg i mi drwy brofiadau *Pobol y Cwm* a *Pengelli* oedd nad oedd cwmnïau Cymraeg yn hoffi delio efo asiantau yn Llundain. Roedd yn gas ganddyn nhw orfod trafod materion cytundeb a chyflog efo cynrychiolwyr actorion o Gymru a oedd yn rhan o'r byd actio y tu allan i Gymru. Roedd hynny'n sefyllfa anodd iawn i actor fel fi. Doedden nhw ddim wedi arfer delio efo asiant o Lundain a doedd yr asiant o Lundain ddim yn gyfarwydd â gweithredu yn y system a oedd yn bodoli yng Nghymru ar y pryd. Doedd 'na ddim asiantau yng Nghymru ei hun bryd hynny. Mae'r sefyllfa wedi newid erbyn hyn diolch byth. Ond mi roedd yn creu problemau yr adeg hynny, yr union adeg roeddwn i'n dechrau fy ngyrfa fel actor.

Roeddwn yn dal i deithio 'nôl a mlaen i Lundain ar fws y National Express er mwyn mynd i glyweliadau amrywiol. Roedd Kim erbyn hynny yn gweithio yn Tesco Penarth. Daeth un clyweliad yng Nghaerdydd. Roedd Graham Jones yn chwilio am actor newydd i gyfres newydd. Roeddwn wedi bod mewn un bennod o *Glan Hafren* tra oeddwn yn y Coleg Cerdd a Drama, felly roedd Graham eisoes wedi dod ar fy nhraws. Roedd ganddo gyfres arall ar y gweill rŵan, *Tu Fewn Tu Fas*. Roedd Steffan Rhodri, William Thomas, Tim Baker, Brian Moses a Noel James ymhlith y cast, pob un wedi mynd yn eu blaenau i fod yn amlwg mewn sawl maes gwahanol o fewn byd actio a pherfformio erbyn hyn. Roedd yn gyfres yn ymwneud â charchar ac roedd gofyn i ni ffilmio yn rhannol yng Ngharchar Caerdydd.

Roedd awel y môr ym Mhenarth, a blas yr halen, wedi ailgodi'r hen awydd yndda i. O fy nghartra, roeddwn yn gallu edrych allan a gweld y cychod yn mynd a dod: y cychod hwylio, teganau'r cyfoethog, wrth gwrs, a'r cychod pysgota hefyd. Daeth yr awydd i fynd i bysgota eto'n ôl. Daeth y mwynhad o fynd allan i bysgota roeddwn yn ei gael fel hogyn ifanc yn ôl i'r cof a chodi awydd i fwrw ati unwaith eto. Ffwrdd â fi i siop bysgota yng Nghaerdydd. Mi ddois i nabod rhai o'r dynion a oedd yn ymwneud â'r cychod pysgota 'ma a chyn hir roeddwn allan ar y môr efo nhw yn dal pysgod. Roeddwn wrth fy modd yn pysgota oddi ar y traeth cerrig yn y Barri a Phenarth hefyd. Teimlad braf a dweud y lleia!

Mi ddaeth Penarth â ni 'nôl at bethau pwysig bywyd mewn gwirionedd. Doedd ganddon ni ddim arian am gyfnodau hir. Pan fyddai yna arian, byddai i gyd yn mynd i dalu rhent. Yn ystod y cyfnodau hynny pan oedd ychydig dros ben, roedd modd cael ambell beth bach ecstra, fath â barbeciw neu botelaid o win. Roedd gwell blas i'r rheini ar gyfnodau felly. Roeddwn yn gwerthfawrogi pethau'n fwy wedi gorfod bod hebddyn nhw. Drwy hyn, roedd Kim a fi wrth ein bodd yn byw yno ac mi roedd y ddau ohonan ni yn hapus iawn.

Yn ystod y cyfnod hwn mi ofynnais iddi fy mhriodi, a diolch i'r drefn, mi gytunodd! Mi wnes i ofyn iddi mewn man a oedd yn golygu lot i mi – yn un o gaeau Storws Wen, lle roeddwn wedi treulio llawr iawn o amser fel plentyn. Trefnwyd dyddiad y briodas ar y seithfed o Fedi, 1996. Ydw, mi ydw i'n cofio'r dyddiad! Doedd Kim na'i rhieni ddim o gefndir crefyddol o gwbl, er bod ei nain yn ddynas dduwiol. Felly, cytunwyd ei fod yn gwneud synnwyr i ni briodi yng nghapel fy nheulu i ar Ynys Môn. Mae traddodiad capelog hir a pharchus yn ein teulu ni, er nad ydw i ddim yn esiampl ddisglair o'r traddodiad hwnnw, ella! Ond mi roedd priodi yn y man hwnnw yn golygu cryn dipyn i mi ac roedd yn deimlad cryf ar y diwrnod fod yn rhan o'r traddodiad hwnnw.

Mi briodon ni yng Nghapel Soar, Brynteg, felly, lle bues i'n mynd yn ffyddlon i'r Ysgol Sul. Mi wnes i ddweud fy rhannau i o'r gwasanaeth a'r addunedau yn Gymraeg ac fe ddywedodd Kim ei rhannau hithau yn Saesneg. Erbyn hyn, mae'n siŵr, byddai Kim yn eu dweud yn Gymraeg hefyd. Ar ôl y gwasanaeth aeth ceffyl a throl â ni i Westy Bryntirion yn Nhraeth Coch sydd, yn drist iawn, wedi cau erbyn hyn. Roedd yn lle arbennig a phoblogaidd iawn ac mewn lleoliad bendigedig. Trefnwyd adloniant ar gyfer y nos ac mi ddaeth y band Gwerinos i'n diddanu. Heb os, roedd 'na naws Gymreig iawn i'r holl ddiwrnod. Roedd hynny'n agoriad llygad a dweud y lleia i'r llond bws ddaeth i fyny o Fryste. Doedd dim bai arnyn nhw, ond mi roedden nhw wedi cael dysgu mwy am y Dwyrain Pell yn eu system addysg nhw nag am y diwylliant a'r dreftadaeth oedd drws nesa iddyn nhw. Roedden nhw wedi rhyfeddu clywed y Gymraeg yn cael ei siarad mor naturiol ac agored a deall bod yr iaith yn gymaint o ran o bob agwedd ar fywyd bob dydd. Ac, wrth gwrs, doedd dim prinder cymeriadau lleol digon lliwgar a ffraeth i'w diddanu. Daeth y teulu o America draw hefyd ac fe grëwyd yr un argraff arnyn nhwthau hefyd wrth gwrs. Roedd yn golygu cryn dipyn i ni eu bod wedi dod draw o Galifffornia ac roedd yn braf i mi eu gweld eto am y tro cynta ers tua chwe mlynedd. Cefais i a Kim foddhad arbennig o'r ffaith i'r rhan fwya o'n dosbarth ni yn y Coleg Cerdd a Drama ddod i'r briodas. Mi aeth yn aduniad wedyn hefyd.

Draw i'r Ynys Werdd aethon ni ar gyfer ein mis mêl. Roeddwn wedi pasio fy mhrawf gyrru yn ystod yr haf cyn y briodas a thaith o gwmpas Iwerddon oedd ein mis mêl. Cefais fenthyg hen gar fy nhad, Ford Sierra Estate glas, a ffwrdd â ni. Roeddwn wedi bod yn casglu *vouchers* trwy gylchgrawn *Leisure Angling* a oedd yn golygu bod modd teithio o gwmpas Iwerddon a chael lle rhad mewn gwestai a oedd yn rhan o'r cynllun. Roedd yn fis mêl ar gyllideb go iawn. I Ddulyn â ni, i lawr i Wicklow, i Arklow, Cork, Dingle a sawl lle arall. Un tro, mi ofynnon ni am fwy o fara efo'n pryd o fwyd gyda'r nos, er mwyn llenwi'r boliau ychydig yn fwy heb orfod gwario rhagor o bres! Wedi rhai dyddiau, dyma egsôst y car yn dechrau dod yn rhydd. Mi ddaeth yn dasg foreol i mi wedyn fachu *coat hangers* o ble bynnag roedden ni'n aros, a'u clymu o amgylch yr egsôst i'w gadw yn ei le. Doedd lonydd Iwerddon ddim yn rhy garedig i'r egsôst chwaith ac mi roedd y car yn gwaethygu bob dydd. Wedyn, mi aeth *radiator* y car. Roedd angen stopio bob rhyw ugain milltir i roi rhagor o ddŵr ynddo. Rhamantus iawn, mae'n rhaid dweud! Mi gyrhaeddon mor bell i fyny â

Galway ond roedd yn gwbl amlwg nad oedd mynd ymhellach tua Donegal fel yr oeddwn wedi bwriadu gwneud. Rhoddodd boi'r AA *radiator* newydd yn y car a dyna benderfynu bod yn rhaid mentro 'nôl tua Dulyn er mwyn gwneud yn siŵr y bydden ni'n gallu dychwelyd i Gymru. Mi lwyddon ni, a rhyddhad mawr oedd cael bod 'nôl adra ym Mhenarth. Daeth mis mêl diddorol iawn i ben!

Doedd dim gwaith gen i o gwbl wedi dod 'nôl. Roedd y tŷ ym Mhenarth yn fwy o broblem i ni nag o fendith. Yr ateb oedd chwilio am waith heblaw actio. Roedd tad Kim yn gweithio yn British Aerospace yn Filton, Bryste ac mi gafodd hyd i waith i'r ddau ohonan ni, os oedden ni'n barod i symud i Fryste, wrth gwrs. Doedd dim dewis. Roedd yn rhaid gwneud. Wedi pacio'r anrhegion priodas a'r dillad, sef y cyfan oedd ganddon ni mewn gwirionedd, gan fod y fflatiau a'r tai lle buon ni'n byw wedi eu dodrefnu, ffwrdd â ni i Fryste ym mis Tachwedd. Mi aethon ni i fyw at rieni Kim. Roedd Kim yn lanhawraig yn swyddfeydd British Aerospace a finnau'n weithiwr cyffredinol ar y safle yn gwneud jobsys bach o bob math.

Y mis Mawrth canlynol, mi ges gynnig rhan yng nghyfres *Y Palmant Aur*. Braf oedd cael cynnig gwaith actio unwaith eto. Mi aeth â fi 'nôl i ffilmio yng Nghymru am gyfnodau, a oedd yn brofiad digon derbyniol. Mi wnes ryw bedair pennod yn y gyfres. Arhosodd Kim yn British Aerospace ac mi es i 'nôl i weithio yno ar ôl *Y Palmant Aur*. Doedd o ddim yn deg i rieni Kim ein bod yn aros efo nhw am gyfnod mor hir. Felly mi aethon ni ati i chwilio am le i'w rentu ym Mryste. Mi ddaethon ni o hyd i fflat ond roedd angen gwneud gwaith arni cyn i neb allu byw ynddi. Mi gynigiais i ein bod ni'n gwneud y gwaith ein hunain pe byddai'r perchnogion yn gostwng y rhent. Diolch i'r drefn, mi gytunon nhw i wneud hynny, ac mi aeth Kim a fi ati i adnewyddu'r fflat. A chan fod taith y Llewod y flwyddyn honno, roedd yn rhaid gwneud yn siŵr bod Sky yn y fflat newydd hefyd wrth gwrs!

7

'Fy mab, fy mab'

O'R FFLAT UWCHBEN tŷ bwyta'r Red Snapper ym Mryste, mi es am glyweliad yng Nghaerdydd un dydd. Cam da oedd derbyn y gwahoddiad hwnnw i weld a fyddwn i'n addas i fod yn rhan o gwmni Theatr Clwyd. Mae'r theatr arbennig yna'n theatr o safon sydd yn cynhyrchu dramâu ei hun. Roedd yn gyfle da iawn i mi felly. Mi wnes i fy nghlyweliad i o flaen Terry Hands, dyn blaenllaw yn myd theatr trwy Brydain, ac un a fu'n arwain y rhan fwya o brif gynyrchiadau Theatr Clwyd yn y blynyddoedd cynta. Mae gen i, fel cymaint o actorion eraill, lot o barch tuag ato fo. Mi ddewisais ddarn o'r ddrama *Loose Ends*, darn cyfarwydd ers fy amser yn y Coleg Cerdd a Drama, a'i berfformio o flaen Terry Hands a Tim Baker, dyn arall blaenllaw a dylanwadol yn Theatr Clwyd ac un o'm cyd-actorion yn y gyfres *Tu Fewn Tu Fas*. Doedd o ddim yn gyfweliad ar gyfer un ddrama benodol. Roedd y cwmni'n chwilio am actorion i'w hychwanegu at griw o actorion craidd. Daeth mwy o newyddion da ar ddiwedd y cyfan, gan iddyn nhw gynnig lle i mi yn Theatr Clwyd. Roeddwn uwchben fy nigon.

Ond roedd hynny, wrth gwrs, yn golygu – fel oedd yn wir o hyd yn ein hachos ni – bod angen meddwl lle roedden ni'n mynd i fyw. Doedd teithio o Fryste i'r Wyddgrug ddim yn opsiwn. Roedd yn opsiwn i mi wneud hynny a Kim i aros yn y fflat ym Mryste. Ond roedd un rheswm mawr dros beidio â dilyn y syniad hwnnw. Roedd Kim yn feichiog, ac wedi bod ers rhyw saith mis pan ddaeth galwad Theatr Clwyd. Diolch byth, roedd yna ateb parod. Roedd rhif 1, Storws Wen, ar dir ffarm

Mam a Dad, yn wag. 'Nôl â ni i Sir Fôn felly a 'nôl â fi at fy ngwreiddiau. Byddai modd teithio oddi yno i Theatr Clwyd ac roedd modd aros yn yr Wyddgrug ambell noson os oedd angen hefyd. Dyna'r trefniant gora, er ei fod yn golygu cryn dipyn o deithio i mi a chyfnodau ar wahân i Kim a fi ar adeg mor bwysig yn ein priodas.

Roedd y gwaith yn ddigon trwm hefyd! Roedden ni'n ymarfer dwy ddrama yr un pryd. Chwarae ceffyl oeddwn i mewn un ddrama, yr enwog *Equus*, dan gyfarwyddyd Terry Hands. Drama yw hon am seiciatrydd sy'n trin hogyn ifanc sydd ag obsesiwn crefyddol, patholegol â cheffylau. Gwnaed ffilm o ddrama Peter Shaffer yn 1977 a Richard Burton oedd yn chwarae rhan y seiciatrydd Dr Martin Dysart. Roedd Peter Firth, Joan Plowright a Jenny Agutter yn y ffilm hefyd. Efo Tim Baker wrth y llyw wedyn, roeddwn wrthi'n paratoi *Rape of the Fair Country*, yn seiliedig, wrth gwrs, ar nofel boblogaidd Alexander Cordell ynglŷn â bywyd yn y Gymru ddiwydiannol. Dai Probert oedd fy rhan yn y ddrama Eingl-Gymreig, dyn oedd yn creu tipyn o drafferth i bawb a phopeth. Dwy ddrama gwbl wahanol a dwy ran gwbl wahanol hefyd. Roedd yr holl brofiad yn rhyfeddol ac yn brentisiaeth arbennig dan arweiniad Terry. Roedd rhyw bump ar hugain ohonan ni yn y cwmni ar y pryd, ac roedd y gwmnïaeth yna'n gymaint rhan o'r profiad dysgu bod yn actor ag unrhyw brofiad ar lwyfan. Mi ddechreuon ni ymarfer *Equus* gynta ac yna pan oedd y ddrama honno wedi agor a'r perfformiadau cyhoeddus wedi dechrau gyda'r nos, roedden ni'n ymarfer *Rape of the Fair Country* yn ystod y dydd. Roedd y diwrnodau'n gallu bod yn rhai hir iawn, yn enwedig os oeddwn i'n teithio 'nôl i Sir Fôn ar y diwedd. Pan nad oeddwn yn teithio adra, roeddwn yn aros efo gwraig weddw o'r enw Mrs Edwards mewn lojins yn yr Wyddgrug. Gwyddeles oedd hi, un henffasiwn mewn ffordd neis iawn. Wy wedi'i ferwi a thost oedd ar fy nghyfer i frecwast bob bore! Hyfryd!

Roedd *Equus* yn brofiad diddorol am un rheswm arall hefyd. Doeddwn i ddim yn hoffi gwneud yr ymarferion malu awyr theatraidd yn y Coleg Celf a Drama, fel y dywedais eisoes.

Ond mewn rhyw ffordd ryfedd, mi roedd gwneud *Equus* yn ffordd o allu gwneud pethau tebyg mewn modd proffesiynol ac ystyrlon. Roeddwn yn gweld rheswm dros wneud ymarferion a oedd yn ymddangos yn wastraff llwyr a phrofiad hollol ddiystyr yn y coleg. Terry oedd yn gyfrifol am y newid agwedd hwnnw mae'n siŵr. Mae'n gyfarwyddwr gwych sy'n gwybod sut mae cael perfformiad gan actor. Mi wnaeth Alun Raglan a fi – roedd Alun yn chwarae rhan Nugget, y prif geffyl yn y ddrama – gymryd y cyfarwyddo gymaint o ddifri nes i ni fynd i gae ar gyrion yr Wyddgrug er mwyn astudio symudiadau'r ceffylau! Dwn i ddim pa fath o argraff roedd Alun a fi yn ei chreu wrth sefyll wrth ymyl y cae yn ceisio dynwared stumiau ceffylau! Roedd yn syndod pa mor flinedig oedd perfformio fel ceffyl am ei fod yn golygu symud cyhyrau ac ati mewn ffordd nad ydyn ni fel pobol yn gwneud. Roedd y ffisioleg yn hollol wahanol. Mi ddes i ddysgu'n ddiweddarach yn fy ngyrfa fod lot fawr o actorion, wrth gymryd rhyw ran neu'i gilydd, yn gofyn iddyn nhw eu hunain pa fath o anifail fyddai'r cymeriad hwnnw. Mae Antony Sher, er enghraifft, yn gwneud hynny gryn dipyn. Y grefft yw gweld pa nodweddion anifeilaidd sydd debyca i'r cymeriad rydach chi ar fin ei chwarae ac wedyn mae modd cyflwyno'r nodweddion hynny wrth gymeriadu. Yn hynny o beth, roedd yn beth cadarnhaol iawn i mi allu byw bywyd theatr go iawn a chwarae anifail go iawn.

Pan ddaeth yn amser dechrau ar *Rape of the Fair Country* o ddifri, mi wnaeth Tim Baker gynnig rhan arall i mi, rhan Big Rhys Jenkins. Mae o'n un o brif gymeriadau'r ddrama ac roedd yn dipyn mwy o ran na'r un oedd gen i'n wreiddiol. Roedd yn golygu hefyd fy mod yn chwarae rhan tad Steffan Rhodri. Roeddwn wedi gweithio efo fo ar ffilm *Y Weithred*, ond doedden ni ddim wedi dod i nabod ein gilydd o gwbl tra'n gweithio ar y ffilm honno. Roedd yn grêt cael cyfle i ddod i'w nabod wrth baratoi *Rape of the Fair Country*. Roeddwn yn cael blas ar ddatblygu cymeriad Big Rhys. Ond un dydd, daeth Tim Baker ata i a gofyn a fyddai'n well gen i fynd 'nôl i chwarae rhan Dai Probert. Roedd actor arall wedi cael ei gastio i'w chwarae ar ôl i mi gael cynnig gwell rhan. Ond roedd yr actor newydd yma'n ddyn mawr iawn yn gorfforol. Roedd Tim yn credu y byddai'n gweddu i ran Big Rhys. Ond mi gafodd y cyfarwyddwr ateb digon pendant 'nôl gen i. Doedd dim ffiars o beryg i mi fynd 'nôl i chwarae rhan lai ar ôl cael cynnig un well. Gwrthodais ildio. Roedd hyn eto yn rhan o'r addysg actio sydd ei angen ar actor ifanc.

Perfformiwyd y ddrama ddwy waith, fel rhagberfformiadau nos Iau a nos Wener. Mi aeth y ddau yn dda iawn. Allan â ni fel cast am bryd o fwyd mewn tŷ bwyta Eidalaidd wedyn. Am bump o'r gloch y bore, daeth cnoc ar ddrws fy stafell wely. Wedi agor y drws, dyna lle roedd Mrs Edwards wedi cyffroi i gyd. Roedd galwad ffôn i mi... roedd Kim yn yr ysbyty... roedd y babi ar y ffordd! Rhwng cwsg ac effro, i fyny â fi ar fy nhraed, gwisgo ac at y car mewn chwinciad. Gyrru fel cythraul wedyn i Ysbyty Gwynedd ac at ochr gwely Kim. Roedd ei mam hi yno a'i thad, mi ddaeth fy mam innau wedyn. Roedd yn brofiad rhyfedd bod mewn man lle roedd cyffro oherwydd ein bod i gyd yn disgwyl y babi cynta ond eto i gyd ein bod yn gorfod gweld Kim mewn poen affwysol. Doedd dim sôn am y babi am amser hir. Roedd gofyn i mi wneud penderfyniad wedyn. Roedd yna *matinee* ar y pnawn Sadwrn hwnnw a pherfformiad arall gyda'r nos, dau ragberfformiad arall cyn i ni agor go iawn. Ella byddai'n syniad, medda fi wrthyf fy hun, i mi ffonio'r theatr i weld sut bydden nhw'n gallu fy helpu yn y fath sefyllfa. Ar ôl rhai oriau o drio mi ges ateb tua deg y bore. Ond doedd neb yno i siarad efo fi! A ddaeth neb i siarad â fi er i mi drio eto. Hawdd iawn fyddai cael yr argraff nad oedd neb am gymryd cyfrifoldeb dros unrhyw benderfyniad mewn sefyllfa o'r fath. Daeth yn amlwg bod yn rhaid i mi wneud penderfyniad felly.

Mi fyddai angen i mi adael erbyn hanner wedi hanner fan bella i gyrraedd y *matinee* mewn pryd. Roedd yr amser yn agosáu a Kim wedi bod mewn *labour* ers amser hir. Roeddwn i am fod yn gymaint rhan o'r peth â phosib ac wrthi'n cydio yn ei llaw a sychu ei thalcen efo cadach bob hyn a hyn. Doedd o'n ddim byd o'i gymharu â'r hyn roedd hi'n ei ddiodde. Ond mi wnes yr hyn allwn i ei wneud. Roedd y cloc ar y wal yn tician. Roedd fy mhen yn troi. Be wnawn i? Oeddwn i'n gadael fy ngwraig yn y fath gyflwr, yn disgwyl ein babi cynta – a hynny er mwyn cyrraedd y *matinee* mewn pryd? Neu a oeddwn i'n peryglu fy sefyllfa broffesiynol, fy nghytundeb gwaith, a pheidio ag ymddangos yn fy ngwaith? Mi fyddwn i efo'n babi cynta ond yn ddi-waith. Roedd ofn colli gwaith a bywoliaeth a dod â'r babi i fyd ansicr yn drech yn y diwedd. Ffwrdd â fi ar y funud ola, felly, i gogio bod yn rhywun arall ar lwyfan yn lle bod wrth ochr gwely fy ngwraig. Yn llythrennol, mi wnes i grio yr holl ffordd i'r Wyddgrug. Erbyn cyrraedd y theatr, roedd yn gwbl amlwg fy mod wedi ypsetio'n llwyr a fy mod wedi crio cryn dipyn. Ond wrth gyrraedd drws y llwyfan, roedd Tim Baker yn sefyll yno. Wrth ddechrau siarad efo fo, doedd dim un gydnabyddiaeth o'r hyn oedd wedi digwydd na'r ffaith fy mod yn amlwg ypsét wrth sefyll ger ei fron. Roedd yn ymateb rhyfedd. Mi wnaethon ni hanner cynta'r sioe. I mewn â fi i'r stafell newid, eistedd, a thorri i lawr yn llwyr. Roeddwn yn rhannu stafell efo Gwyn Vaughan. Mi welodd yn syth y cyflwr oedd arna i ac mi gynigiodd fynd i gysylltu â'r ysbyty i weld beth oedd yn digwydd. Doedd dim modd yn y byd i mi fedru delio efo'r sefyllfa roeddwn ynddi. Roeddwn wedi ymlâdd yn llwyr. Mi ddaeth yn ei ôl a dweud bod Kim a Ieuan yn iawn. Roeddwn wedi cael mab. Mi wnaethon ni benderfynu ar enw sbel cyn y geni a dewis Ieuan ar ôl Ieuan Evans, asgellwr Llanelli a Chymru! Ar ôl clywed y newyddion am y geni, daeth yr alwad ar gyfer yr ail hanner bron yn syth. Doeddwn i ddim yno ar gyfer geni Ieuan. Ac wrth glywed y newyddion, doedd dim modd dathlu. Rhaid oedd tawelu'r awydd i ymateb. Roedd yr angen i berfformio ar lwyfan yn drech.

Mi aeth yr ail hanner yn ei flaen. Ar ei ddiwedd roedd Mo Jenkins, a oedd yn cael ei actio gan Steffan Rhodri, yn cael ei saethu ac roedd yn marw yn fy mreichiau. Roedd gen i araith weddol hir i'w pherfformio a honno'n ymwneud â'r holl drasiedi, gan gynnwys brawddegau fel 'My son, my son, please don't die.' Roedd gofyn i mi grio wrth ddweud y geiriau. Doedd dim angen actio'r prynhawn hwnnw. Roedd rhai o'r cast yn crio efo fi hefyd ac eironi emosiynol y sefyllfa yn gwbl amlwg i bawb.

Wedi i'r sioe orffen, doedd dim modd eto i mi fynd at Kim a'r babi newydd. Roedd sioe hwyr i'w pherfformio hefyd. Mi aeth y cast â fi i dafarn gyfagos rhwng y ddwy sioe. Roedd modd dechrau rhyw fath o ddathlu beth bynnag, ac mi ges sigâr a pheint i nodi'r achlysur. Ar ôl sioe'r nos, gadewais yn syth er mwyn mynd i Ysbyty Gwynedd i weld fy mab am y tro cynta. Does dim angen dweud i fwy o ddagrau lifo yn y fan honno. Dyna lle roedd Ieuan a chanddo fop o wallt du a bysedd hir iawn! Dyna fy argraff gynta.

Ar y dydd Sul, mi ddaeth cyfle i fynd 'nôl i Storws Wen am dipyn. Erbyn hynny, roedd Mam a Dad wedi troi hanner y fferm yn gwrs golff naw twll. Doedd ffermio ddim cystal ag y bu ac roedd modd gwneud defnydd arall mwy proffidiol o erwau cyfan o dir. I mewn â fi i glwb y cwrs i gael pryd o fwyd poeth a'i gario wedyn i dŷ Mam a Dad a'i fwyta yn y lolfa. Mi ges gyfle i eistedd mewn tawelwch am dipyn i geisio ystyried a gwerthfawrogi'r cyfan oedd wedi digwydd yn ystod y diwrnod a hanner blaenorol. Ffwrdd â fi wedyn i brynu'r cyfarpar roedd ei angen ar gyfer babi newydd. Cafodd Kim a Ieuan ddod 'nôl adra i Storws Wen am y tro cynta ar y dydd Llun a ches innau fynd i'w nôl cyn gorfod ei throi hi ar y daith i'r Wyddgrug unwaith eto i ailgydio yn y gwaith.

Ces lwyth o gardiau, anrhegion a blodau gan y cast a'r criw, chwarae teg iddyn nhw, gan gynnwys llyfr gan Ifan Huw Dafydd. Roedd wedi prynu hunangofiant Ieuan Evans ac wedi ysgrifennu neges i'n Ieuan ni y tu mewn iddo. Roeddwn yn ddiolchgar ac mae'r llyfr yn dal gen i. Daeth anrheg arbennig arall hefyd. Cyn hir, anfonwyd llun wedi'i fframio o Ieuan, y chwaraewr rygbi, aton ni fel teulu. Ieuan ei hun wnaeth ei anfon ac roedd wedi ei lofnodi efo neges i'r Ieuan newydd.

Roedd pethau wedi newid rŵan i ni fel teulu. Roedd y tad yn yr Wyddgrug a'r fam a'r babi newydd ar Ynys Môn. Roedd Kim yn blino'n rhwydd. Roedd hi'n gallu teimlo'n unig. Doeddwn i ddim yn cael gweld digon ar Ieuan. Wedi rhagor o drafod, ein penderfyniad oedd chwilio am le i ni'n tri yn yr Wyddgrug. Fyddai dim angen i mi fod i ffwrdd dros nos a byddai'n bosib i mi bicio adra amser cinio hefyd hyd yn oed. Mi ddaethon ni o hyd i hen sgubor wedi ei hadnewyddu ym mhentra Nercwys. Roedd o'n lle uffernol o oer. Doedd dim modd eistedd i lawr grisiau am ei fod mor oer ac roedd y perchnogion yn bygwth codi mwy o rent os oedden ni am wresogi'r lle yn iawn. Doedd hynny ddim yn bosib ar gyflog actor. Felly roedd Kim druan yn treulio'i hamser yn ein llofft ni a thân trydan un bar oedd yr unig beth oedd yn ei chadw hi, Ieuan a'r stafell yn gynnes. Ond o leia roedden ni efo'n gilydd ac mi lwyddais i chwarae mwy o ran ym magwraeth Ieuan ac roedd Kim yn cael cwmni ac ychydig o orffwys. Mi barodd hyn am gryn dipyn ond yr oerfel enillodd yn y diwedd a bu'n rhaid ei baglu hi 'nôl i Storws Wen.

8

O chwarae ceffyl i'r brif ran

OND DIOLCH BYTH, parhau wnaeth y gwaith efo Theatr Clwyd. Roedd *Rape of the Fair Country* wedi agor i'r cyhoedd bellach ac roedd hynny'n golygu ymarfer drama newydd. *A Christmas Carol* oedd honno, sef sioe Nadolig Theatr Clwyd y flwyddyn honno. Tipyn o sbort – a phoen! – oedd gorfod dysgu cerdded ar *stilts* er mwyn chwarae Ysbryd y Nadolig Sydd Eto i Ddod. Teg dweud bod y cymeriad fel y gwnes i ei chwarae yn gyfuniad o Darth Vader a Kenny Everett! Wedi'r Nadolig, a'r teulu yn mwynhau'r ŵyl yn Storws erbyn hynny, yn y gwres diolch byth, roedd drama arall i'w pherfformio. Tra oedden ni'n perfformio *A Christmas Carol*, roedden ni'n ymarfer *The Journey of Mary Kelly*, drama ynglŷn â'r fenyw ola y credir i Jack the Ripper ei lladd. Yn y flwyddyn newydd, felly, roedden ni'n perfformio'r ddrama honno. Law yn llaw â pherfformiad ola drama Mary Kelly, mi ddaeth rhediad go hir efo Theatr Clwyd i ben. Roedd yn gyfnod arbennig iawn i mi, yn sicr; cyfle i ddysgu'r grefft, i fagu profiad ac i weithio efo actorion eraill oedd yn meddu ar bob math o brofiadau amrywiol eu hunain. Mi ddangosodd Terry Hands ffydd yndda i am i mi weithio'n galed a mynd o chwarae ceffyl i allu chwarae prif rannau.

Gorffen yn Theatr Clwyd yr Wyddgrug wnaethon ni a bod yn llythrennol gywir. Mi wnaeth y gwaith efo'r cwmni ailddechrau yn fuan iawn ar ôl sioe ola Mary Kelly, ond ar daith oedden ni'r tro hwn. Taith go arbennig oedd hi a dweud y gwir, un a drefnwyd gan yr Undeb Ewropeaidd. Roedden nhw am i ni berfformio *Rape of the Fair Country* allan ym Mrwsel fel rhan o'r Ŵyl Theatr yno. Golygfa ryfedd, mae'n siŵr, oedd gweld dros ugain ohonan ni actorion yn camu ar y trên yng ngorsaf Caerdydd er mwyn dechrau'n taith i Frwsel. Mi wnaethon ni berfformio'r ddrama deirgwaith i gyd, ar y nos Wener a dwywaith ar y dydd Sadwrn. Roedd yn drip a hanner ac mi gafodd pawb amser da iawn, fi yn fwy na neb ella! Doedd o ddim yn help i gadw'n gall bod *vending machine* tu cefn i lwyfan y theatr a photeli cwrw ynddo! Ella mai'r poteli bach 'dan ni'n gyfarwydd â'u gweld ar y cyfandir oedden nhw, ond roedden nhw'n dderbyniol iawn. Roedden ni mor gyfarwydd â'r ddrama erbyn hynny roedd modd ymlacio rhywfaint o ran y perfformio heb ostwng y safon. Ar y nos Sadwrn roedd gwahoddedigion yr Undeb Ewropeaidd i gyd yno, gan gynnwys Neil Kinnock a'i wraig Glenys. Neil Kinnock oedd y cynta i ymuno â ni ar ôl y perffomiad i fwynhau rhyw beint bach ac i forio canu efo ni'r cast. Roedd yn uffarn o noson dda. Oedd, roedd o'n gallu uniaethu efo ni fel cwmni o Gymru, mae Glenys o Ynys Môn fath â fi. Ond fel hogyn o'r Cymoedd, roedd o'n gallu byw stori'r ddrama hefyd ac fel boi Llafur roedd yn gallu teimlo ei hergyd gymdeithasol.

Tipyn o drafferth oedd codi'r bore Sul canlynol er mwyn dechrau'n taith 'nôl adra ar y trên. Mae teithio ar drên am gyfnod mor hir yn ddigon o artaith pan mae pen mawr efo chi. Ond yn waeth na hynny, roedd rhan arall i'n taith ni cyn mynd 'nôl i'n cartrefi. Roedd pob un ohonan ni wedi cael tocynnau i weld Cymru yn chwarae yn erbyn Ffrainc yn Wembley – cartra dros dro Cymru yr adeg hynny, tra bod Stadiwm y Mileniwm yn cael ei hadeiladu. Roedd diwrnod mawr o'n blaenau felly. Anaml iawn y bydden ni'n cael cyfle i weld unrhyw un o gêmau Pencampwriaeth y Pum Gwlad fel yr oedd o bryd hynny. Roedden ni wastad yn perfformio mewn rhyw theatr neu'i gilydd ac yn gorfod dibynnu wedyn ar fy nheledu bach yn y stafell wisgo i weld rhannau o'r gêm pan fyddai cyfle. A dweud y gwir, roedd y rhan fwya ohonan ni'r cast yn Gymry ac yn methu deall pam y byddai unrhyw un yn trefnu perfformiad theatr ar brynhawn gêm a pham y byddai unrhyw aelod o'r cyhoedd yn dewis mynd i weld drama pan oedd Cymru'n chwarae. Roedd y peth y tu hwnt i'n deall ni yn gyfan gwbl! Diolch byth mai ar bnawn Sul roedd y gêm yn erbyn Ffrainc felly, a ffwrdd â ni i Wembley i fwynhau'r cyffro: Sara Harris-Davies, Ifan Huw Dafydd, Steffan Rhodri, Alun Raglan ac eraill. Trueni mawr nad oedd y gêm cystal profiad. Cafodd Cymru eu chwalu. Erbyn i'r sgôr gyrraedd rhyw dri deg pwynt i ddim, mi ddechreuodd y *Mexican Wave*, sydd wastad yn arwydd bod y gêm ei hun yn troi'n ddigon diflas. I fyny â ni ar ein traed hefyd. Roedd rhes o Ffrancwyr digon bodlon o'n blaenau ni ac mi godon nhwtha hefyd. Roedd peint yn llaw un ddynas ac wrth iddi godi, daeth y peint i lawr dros fy mhen a'm hwyneb ac ar hyd y locsyn oedd gen i er mwyn chwarae rhan Big Rhys yn y ddrama. Roeddwn yn diferu'n swp. Wedi eistedd, mi sylweddolodd hi fod ei chwpan yn wag ac fe drodd i weld beth oedd wedi digwydd. Cafodd sioc fawr wrth weld wyneb y Cymro yma y tu 'nôl iddi yn gwisgo ei pheint ac mi ymddiheurodd yn ddi-baid am amser hir. Yn anffodus, dyna oedd uchafbwynt y gêm i ni, ac mi gollodd Cymru yn y diwedd o bum deg un pwynt i ddim. Crasfa go iawn.

Y gwaith cynta a ddaeth wedi gorffen efo Theatr Clwyd go iawn yn 1998 oedd efo Theatr Gorllewin Morgannwg a oedd yn gyfrifol am ddrama Eisteddfod Genedlaethol Pen-y-bont ar Ogwr y flwyddyn honno. Cyfieithiad o ddrama o'r enw *Skylight* oedd y gwaith, drama anodd a chymhleth. Roedd cyfarwyddwr y ddrama wedi fy ngweld yn perfformio *Rape of the Fair Country* ond am fod gen i locsyn mawr yn y ddrama honno, roedd hi'n credu fy mod yn hŷn nag oeddwn mewn gwirionedd. Roeddwn yn edrych yn fy mhedwardegau a dyna oedd ei angen ar gyfer *Skylight*. Ond dau ddeg naw oeddwn i mewn gwirionedd. Wnaeth hynny ddim gwahaniaeth yn y diwedd, ac mi gefais ran yn nrama'r Eisteddfod. Fi, Eiry Thomas ac Arwel Davies oedd y tri yn y ddrama. Roedd Eiry a fi ar y llwyfan drwy gydol y perfformiad. Roedd tipyn o bwysau gwaith felly.

Er mwyn gweithio ar y ddrama hon, mi wnaeth Kim, Ieuan a fi symud i fflat yn un o neuaddau preswyl Prifysgol Abertawe. Profiad rhyfedd i Kim oedd mynd â Ieuan am dro yn y goets o amgylch ardal Townhill y ddinas. Mae'n siŵr ei bod yn gallu bod yn ardal ddigon dymunol. Ond mae ganddi ei phroblemau yn sicr ac mae tlodi, torcyfraith a chyffuriau yn ffordd o fyw i rai o'r trigolion. Cafodd Kim gynnig cyffuriau sawl gwaith wrth fynd â Ieuan allan am dro! Roeddwn i'n ffeindio'r gwaith yn anodd hefyd. Mae'n ddrama eiriol tu hwnt ac roedd hynny'n straen arna i. Roeddwn yn ffeindio'r Gymraeg yn y ddrama arbennig honno yn anodd iawn. Yn un peth, mae cryn dipyn o eirfa byd busnes yno, geiriau a thermau technegol a oedd yn ddigon dryslyd. Collais fy nhymer droeon yn ystod ymarfer ac roedd yr holl beth yn strygl ac yn rhwystredig tu hwnt. Mae'n siŵr bod y ffaith i'r rhan yma fod yn gyfle prin i mi chwarae prif gymeriad yn y Gymraeg yn ffactor hefyd. Doeddwn i ddim wedi cael llawer o gyfleodd i wneud dramâu Cymraeg ers gadael coleg. O ganlyniad, doeddwn i ddim yn rhan o'r sefydliad yna chwaith, ddim yn rhan o'r byd yna. Roedd un perfformiad yn ystod wythnos y Steddfod yn anodd iawn i mi, ac mi es ar goll yn llwyr yn ystod un monolog. Mi ddois allan ohoni rywsut, ond roedd wedi effeithio arna i. Yn sicr, cafodd y profiad o wneud y ddrama honno ddylanwad arna i wrth i mi ystyried gwneud dramâu yn y Gymraeg. Roeddwn yn teimlo bod pwysau ychwanegol arna i i brofi fy hun am nad oeddwn yn rhan o'r sîn ddrama Gymraeg. Roeddwn yn teimlo bod angen i mi weithio'n galetach i brofi fy hun. Mae'n rhaid dweud hefyd i mi deimlo bod cynulleidfaoedd Cymraeg yn gallu bod yn feirniadol dros ben, dipyn mwy na chynulleidfaoedd dramâu Saesneg. Mae hyn yn arbennig o wir pan mae pobl yn beirniadu rhyw gamdreiglad gan actor. Mae hynny'n fy ngwylltio. Gall dehongliad o emosiwn y cymeriad fod yn hollol gywir ac effeithiol, ond daw rhyw sylwadau twp yn rhy aml ynglŷn â rhyw agwedd ar yr eirfa – a geirfa sydd ddim yn rhan naturiol o'ch geirfa arferol chi chwaith! Dw i yn credu ein bod ni fel Cymry Cymraeg yn creu rhwystrau i ni'n hunain yn aml a ni yw'r maen tramgwydd i ffyniant yr iaith yn rhy aml o lawer. Mae wedi effeithio ar fy agwedd tuag at berfformio yn y Gymraeg. Mi effeithiodd ar fy hyder yn sicr.

Ella i chi ddeall erbyn hyn fod cyfnod newydd o waith i mi yn gallu golygu un peth i ni fel teulu bach – symud! Roedd Mam a Dad wedi bod yn hynod garedig yn gadael i ni gael rhif 1 Storws Wen dipyn rhatach nag y byddai rhywun arall yn ei dalu am y lle hwnnw. Ond doedd o ddim yn deg â nhw i barhau efo trefniant o'r fath yn rhy hir chwaith. Felly mi wnaeth y teulu bach o dri ddod o hyd i le i fyw ym Miwmaris. I'r man hwnnw wnaethon ni symud wedi'r Steddfod, i hen fwthyn hyfryd. Roedd yn gyfnod hapus iawn i ni. Yn sicr, nid Townhill mohono!

Yn fuan wedi symud, daeth cyfle arall i fod yn rhan o gynhyrchiad gan Theatr Clwyd. Mi es am glyweliad ar gyfer un o ddwy brif ran yn nrama enwog John Steinbeck, *Of Mice and Men*. Roeddwn yn llwyddiannus, a dyma ddechrau ar gyfnod o baratoi i chwarae Lennie Small yn y ddrama a Gwyn Vaughan Jones yn chwarae rhan George Milton – dau weithiwr crwydrol yn chwilio am waith yn ystod Dirwasgiad Mawr yr Unol Daleithiau yn yr 1920au. Roedd chwarae Lennie yn sialens go iawn. Mae'r cymeriad yn ddyn efo meddwl plentyn mewn gwirionedd ac mae chwarae rhan fel'na yn sialens emosiynol. Roedd yn sialens gorfforol hefyd. Oherwydd y ffordd wnes i benderfynu y byddwn yn ystwytho fy nghorff, rhoddais straen arno. Mi fues yn diodda o gefn a gwddf tost am dipyn wedi'r ddrama honno.

Y gwanwyn canlynol, 'nôl eto i Theatr Clwyd â fi ar gyfer cynhyrchiad o *The Hosts of Rebecca*, yr ail ran yn nhrioleg Cordell ar y Gymru ddiwydiannol a'r ddrama sy'n dilyn *Rape of the Fair Country* (*Song of the Earth* yw'r drydedd). Mae *The Hosts of Rebecca* wedi ei gosod yng nghyfnod terfysgoedd Rebeca yn y bedwaredd ganrif ar bymtheg. Ces ran Justin Carver ac mi benderfynais ei chwarae fel Gwyddel. Dwn i ddim pam, ond roedd yn gwneud synnwyr i mi nad Cymro ddylai o fod. Roedd yn gyfle i weithio eto efo Steffan Rhodri a chyfle i weithio am y tro cynta efo Ryland Teifi a Kai Owen. Roedd ailymuno â'r cwmni, a gweithio efo Tim Baker fel cyfarwyddwr, yn dangos yn glir i mi fy mod wedi gallu symud ymlaen o'r poen a deimlais ar ddiwrnod geni Ieuan.

Roeddwn yn camu i hanes Cymru unwaith eto efo'r gwaith ddaeth ar ôl *The Hosts of Rebecca*. Daeth cyfle i wneud gwaith teledu am fod Channel 4 yn gwneud cyfres o ddramâu dogfen o dan y teitl *Catastrophe*. Dim ond mewn un bennod fues i, ac mi ges chwarae rhan y bardd Cymraeg cynnar, Aneirin o'r chweched ganrif. 'Nôl at y llwyfan â fi wedyn am fod Tim Baker yn teithio *Of Mice and Men*. Yng Nghymru roedd pob perfformiad ond un a dweud y gwir. Roedd y perfformiadau ola yn Lerpwl. Roedden ni yn yr Everyman Theatre am bythefnos gyfan. Anrhydedd yn sicr oedd cael bod mewn theatr mor eiconig â'r Everyman am gyfnod go dda.

Yn ardal Toxteth roeddwn i'n aros dros y bythefnos yna, a fi a Sion Probert yn rhannu tŷ. Roedd Sion yn *The Hosts of Rebecca* hefyd, felly roeddwn yn ei adnabod cyn y cynhyrchiad hwn. Does dim amheuaeth nad yw'n actor talentog dros ben ac yn foi hoffus iawn. Roedd yn gymeriad cymhleth a bregus yn aml a'r ddiod yn ffordd iddo weithio trwy'r elfennau cymhleth a bregus yn ei fywyd. Actor gwych heb os.

'Nôl i'r sgrin fach es i ar ôl bod yn Lerpwl. Roedd y BBC yn gwneud drama ddogfen o'r enw *Trail of Guilt* a finnau'n chwarae rhan plisman o'r Wyddgrug, Sgt Steven Evans, oedd wedi lladd ei wraig. Drama'n seiliedig ar stori wir oedd hon. Oherwydd fy nghysylltiad agos â Theatr Clwyd, sydd wedi ei lleoli yn yr Wyddgrug, wrth gwrs, roeddwn wedi cyfarfod â pherthynas i'r wraig a gafodd ei llofruddio. Wedi i'r ddrama gael ei darlledu, a finnau 'nôl yn y theatr eto, doedd y ddynas yma ddim yn gallu edrych arna i am amser hir. Roeddwn wedi portreadu rhywun a oedd wedi lladd perthynas iddi a dod â'r holl beth yn real ar y sgrin. Doedd hi ddim yn dal dig yn fy erbyn, ond doedd hi chwaith ddim yn gallu edrych arna i o gwbl. Erbyn hyn, rydan ni'n ffrindiau unwaith eto.

Roedd Steddfod y flwyddyn honno yn Llangefni, reit ar

garreg y drws i ni fel teulu. Mi ddaeth Tom a Val draw o'r Unol Daleithiau i aros efo Mam a Dad dros yr haf hwnnw. Roedd yn hyfryd eu gwahodd nhw draw at Kim, Ieuan a fi a hwythau'n cael y cyfle i weld beth ddaeth o'r hogyn ifanc fu'n mynd o waith i waith yng Nghaliffornia cyn dod 'nôl i Gymru er mwyn ceisio bod yn actor. Mi es â Tom a Val i gyngerdd Dafydd Iwan yn ystod y Steddfod. Dyna oedd profiad gwahanol! Roedd y cyngerdd ar fferm Castellior, mewn sgubor a phawb yn bwyta byrgyrs ac yfed seidr. Mi wnaeth gryn argraff arnyn nhw weld diwylliant poblogaidd Cymraeg mor fyw a bywiog.

Roedden ni 'nôl i'r patrwm arferol yn 1999, sef cystadleuaeth rygbi go fawr yn digwydd a ninnau'r criw yn gorfod colli pob gêm am ein bod ar lwyfan mewn drama. Ond roedd hi'n dipyn gwaeth na hynny'r flwyddyn honno. Nid unrhyw gystadleuaeth mohoni. O na. Roedd hi'n adeg Cwpan y Byd ac roedd hwnnw'n digwydd yng Nghymru y flwyddyn honno. Lle oeddwn i? 'Nôl efo Theatr Clwyd yn cymryd rhan yn y 'Ddrama Albanaidd' fel rydan ni i fod i gyfeirio at *Macbeth* er mwyn osgoi urhyw anlwc wrth ddefnyddio'r enw ei hun! Macduff oeddwn i yn y cynhyrchiad hwn. Roedd yn gast cryf ac yn nwylo cyfarwyddwr arbennig, Terry Hands. Roedd yn gynhyrchiad gwahanol, yn fyrrach nag arfer ac yn cael ei berfformio yn y Stiwdio yn Theatr Clwyd yn hytrach na'r prif awditoriwm.

Roedd Kim a Ieuan a fi yn byw ym Miwmaris pan glywais i mi gael rhan yn y ddrama. Ond gan fod cyfnod hir o'm blaen i 'nôl yn yr Wyddgrug, mi benderfynon ni rentu bwthyn yn agosach at y theatr na Biwmaris. I Lanferres â ni felly, rhwng yr Wyddgrug a Rhuthun. Roedd hynny'n hyfryd. Roeddwn i'n dod 'nôl adra amser cinio yn aml ac yn gallu coginio – roedd cawl cennin yn ffefryn y pryd hynny dw i'n cofio'n iawn! Roedd yn golygu hefyd fod Ieuan yn gallu mynd i feithrinfa Gymraeg yn Rhuthun.

Roedd y ddrama'n agor wrth i Gwpan y Byd ddechrau. Roedd y seremoni agoriadol a'r gêm gynta, Cymru yn erbyn yr Ariannin, ar y prynhawn Sadwrn yr un pryd â'r *matinee*. Dyna'r perfformiad mwya cyflym o *Macbeth* erioed, dw i'n siŵr.

Roedd o fel *Macbeth* ar sbid! Fel y dywedais i, roedd yn fersiwn wedi ei chwtogi beth bynnag. Ond mi wnaethon ni ei chwtogi ymhellach ar y llwyfan! Dw i'n cofio pasio Terry Hands ar ôl gorffen y perfformiad, ac mi drodd ata i a dweud yn ddigon cynnil a sych, 'That was rather fast, wasn't it?' Ond roedd yn gwybod pam ac yn meddwl bod yr holl beth yn ddoniol! Roedd hefyd, wrth gwrs, yn gyfle i ni'r cast ryfeddu unwaith eto fod yna'r fath greaduriaid â phobol oedd yn dewis dod i theatr pan oedd Cwpan y Byd yn dechrau yng Nghymru!

Mi gafodd y ddrama dderbyniad da iawn ac roeddwn i wrth fy modd yn chwarae Macduff. Mae'n gymeriad cryf a digon o sgôp i'w ddatblygu. Mae un rhan yn y ddrama, sy'n ymwneud â Macduff, pan mae Ross yn dod ato fo ac yn dweud wrtho fod ei wraig a'i blant wedi cael eu lladd. Mi aeth hynny â fi yn ôl i'r olygfa yn *Rape of the Fair Country* pan oedd gofyn i mi ddal fy mab yn fy mreichiau ac yntau'n farw ar y diwrnod y cafodd Ieuan ei eni. Y tro hwn, roeddwn yn clywed y llinell yna gan Ross, yr uchelwr, gan wybod bod Kim yn feichiog unwaith eto ac yn disgwyl ein hail blentyn. Doedd dim angen mynd i fewn i ryw stôr yn y cof er mwyn deall emosiwn golygfa o'r fath.

Yn wahanol i'r tro cynta roedd Kim yn feichiog, a minnau'n gorfod wynebu'r cyfyng-gyngor p'un ai bod efo hi neu fynd i berfformio ar lwyfan, roeddwn wedi cynnwys cymal yn fy nghytundeb y tro hwn a oedd yn golygu na fyddai'r fath sefyllfa'n codi eto. Petai Kim yn mynd i'r ysbyty i roi genedigaeth i'r babi, roeddwn wedi sicrhau y byddwn innau hefyd yn cael fy rhyddhau i fod efo hi. Daeth y ddrama Albanaidd i ben cyn y Nadolig ac yn y flwyddyn newydd, dechreuwyd ar y gwaith o ymarfer y drydedd ddrama yn nhrioleg Cordell, *The Song of the Earth*. Roedd Kim yn disgwyl y babi ym mis Chwefror.

Mi lwyddais i befformio ar y noson agoriadol a mynd i'r parti wedi'r perfformiad hefyd. Tra oeddwn i yno, mi ddaeth yr alwad i fynd i'r ysbyty a draw â fi i Ysbyty Gwynedd unwaith eto. Roedden ni wedi penderfynu mai yn yr ysbyty honno fyddai'r babi'n cael ei eni, yr un lle ag y ganwyd Ieuan. Chwarae teg i Mared, mi benderfynodd mai yn oriau mân y bore y byddai hi'n cael ei geni! Rhyddhad mawr, felly, oedd cael bod yno ar gyfer ei genedigaeth.

Mi es 'nôl i'r Theatr y diwrnod canlynol, ond toc wedi i mi gyrraedd daeth galwad yn gofyn i mi fynd 'nôl i'r ysbyty. Roedd 'na gymhlethdodau o ran anadlu Mared. Draw â fi i Fangor yn syth ac mi gollais berfformiad y noson honno. Diolch byth, mi wellodd Mared yn llwyr. Mae yna gysylltiadau emosiynol cryf rhwng genedigaethau fy mhlant a pherfformiadau Theatr Clwyd!

9

'I was once a great man'

CYN GORFFEN YN llwyr efo Theatr Clwyd, mae yna ryw ddwy neu dair stori arall sy'n werth eu hadrodd. Y drefn o ran y cynyrchiadau o drioleg Cordell oedd eu perfformio yn yr Wyddgrug yn gynta, yna mynd â'r cynhyrchiad i lawr i'r New Theatre yng Nghaerdydd am wythnos. Dyna wnaethon ni efo pob un o'r dramâu. Wedi gorffen *Song of the Earth*, fodd bynnag, roedd yna un newid. Mi berfformiwyd y tair drama un ar ôl y llall. Naw awr o berfformio i gyd. Roedd yn dipyn o her i bob un ohonan ni, ond yn wefr aruthrol ar ôl camu oddi ar y llwyfan ar y diwedd.

Nid dim ond marathon o berfformiad fel y drioleg sydd yn gallu bod yn ddiwrnodau hir yn y theatr. Mae sawl diwrnod yn ystod cynhyrchiad arferol yn llusgo ambell dro hefyd. Er mwyn codi'r ysbryd rywfaint, ac er mwyn helpu'r amser i fynd dipyn cynt, mae'n ddigon cyffredin chwarae rhyw driciau bach. Un a ddechreuwyd gan griw ohonan ni yn Theatr Clwyd oedd gosod her i'n gilydd. Roedd neges ar y *tannoy* y tu cefn i'r llwyfan yn dweud wrthan ni pryd roedd angen i ni fod yn barod i ymddangos ar y llwyfan nesa. Y dasg a osodwyd i'n gilydd oedd gweld pwy allai sefyll bella i ffwrdd o'r fynedfa yn gwrando am yr alwad ond dal i lwyddo i ymddangos ar y llwyfan ar yr union amser roedd angen. Mi aeth yn her rhwng sawl un ohonan ni yn y diwedd a phawb yn sefyll ymhellach ac ymhellach i ffwrdd o gefn y llwyfan cyn rhuthro mor gyflym ag y gallen ni i gerdded ar y llwyfan ar yr eiliad cywir, heb fod allan o anadl wrth gwrs. Roedd Ryland, Steffan a finnau yn cael hwyl go iawn wrth chwarae'r gêm! Roedd rygbi yn ysbrydoliaeth i un o'r achlysuron hyn hefyd. Roedd un o arwyr Llanelli a Chymru yn y saithdgau, Derek Quinnell, wedi cael ei ddewis i chwarae i'r Llewod cyn cael ei gap cynta i Gymru. Pan ddaeth yr amser i dderbyn y cap cynta hwnnw, ac yntau'n dod i'r cae fel eilydd, daeth ei stumiau yn enwog. Roedd fel dyn gwyllt yn rhedeg o'r twnnel a doedd y ffaith bod plisman yn digwydd sefyll o'i flaen ddim yn mynd i'w rwystro. Mi wthiodd y plisman o'r neilltu a dal ei fraich yn uchel yn yr awyr i dynnu sylw'r dyfarnwr at y ffaith ei fod yn fwy na pharod i ddod ar y cae. Yr her i ni tu cefn i'r llwyfan un noson oedd sefyll ar ben y grisiau lle roedd y set yn cael ei chadw, gwrando am y ciw ac yna rhuthro i lawr y grisiau ar hyd y coridor reit at gefn y llwyfan ei hun, gwneud stumiau fath â Quinnell, ac yna mynd ar y llwyfan i fod yn rhywun arall!

Mae ymlacio yn gallu bod yn anodd i actor. Wrth gwrs, rydan ni'n cael diwrnodau rhydd yn ystod pob cynhyrchiad. Mae'r rhain yn fendith yn yr ystyr y gallwn fod efo'n teuluoedd neu gael cyfle i fwynhau un o'n diddordebau. Ond dydy o byth yn amser cwbl rydd. Wastad yng nghefn y meddwl mae'r ffaith ein bod mewn sioe a tydy ymlacio'n llwyr ddim yn bosib. Dyna un o lawer o fanteision sy'n codi o'r system 'rep'. Dyma'r system o fod yn rhan o grŵp o actorion sy'n perthyn i gwmni theatr ac sy'n perfformio mewn sawl drama, un ar ôl y llall, naill ai â rhan cymeriad penodol neu yn rhan o gynhyrchiad fel un o'r criw *play as cast*. Mae modd mwynhau'r sicrwydd o wybod bod ganddoch waith a bod cyfle i gael amser i ffwrdd hefyd. Mae'n biti mawr nad oes mwy o hyn yn digwydd ac yn drueni i'r arfer ddiflannu bron o fyd y theatr. Mae'n ddisgyblaeth ac yn sialens dda iawn i actor. Ac ar ben hyn oll wrth gwrs, yn fy achos i'n benodol, mae 'na bethau eraill i'w hystyried, fath â theithio 'nôl a blaen ar hyd gogledd Cymru a genedigaeth dau blentyn!

Roedd blwyddyn gynta mileniwm newydd i ymestyn o'm blaen heb unrhyw arwydd o waith o gwbl. Er fy mod yn treulio'r rhan fwya o'm hamser yng ngogledd Cymru ers rhai blynyddoedd erbyn hynny, doedd dim gwaith o gwbl yn dod gan unrhyw gwmni yn y gogledd, heblaw am Theatr Clwyd. Doedd gan yr un cwmni teledu – ac roedd digon ohonyn nhw yn y gogledd bryd hynny – na'r un cwmni theatr arall unrhyw waith i'w gynnig i mi. Roedd pob gwaith teledu wedi ei wneud i gwmnïau yn y de. Roedd hynny'n deimlad anghyffredin iawn i mi fel un o'r gogledd ac fel un a oedd wedi byw yno fel actor ers rhai blynyddoedd ac yn ymwybodol o'r prysurdeb o ran cynyrchiadau sgrin a llwyfan a oedd yn bodoli yn y rhan honno o Gymru yn ystod y cyfnod yna. Daeth yn amlwg, felly, nad oeddwn i'n rhan o'r sîn am ba reswm bynnag.

Penderfynwyd symud 'nôl i Gaerdydd. Cawson ni fwthyn hyfryd i'w rentu yn y Bont-faen am ryw £500 y mis. Roedd hynny yn ein plesio, yn enwedig gan fod ysgol Gymraeg, Ysgol Iolo Morganwg, gerllaw. Erbyn hynny roedd Ieuan dros ei ddyflwydd a hanner ac mi ddechreuodd fynd i ysgol feithrin yn y Bont-faen. Ond wedi cymryd y cam, ddaeth 'na ddim gwaith o gwbl. Yn wir, bu'n rhaid i mi fynd ar y dôl am gyfnod. Roedd pres yn brin iawn. Roeddwn hefyd 'nôl i'r un patrwm fues yn ei ddilyn flynyddoedd ynghynt wrth fyw yng Nghaerdydd, sef dal bỳs y National Express i Lundain am glyweliadau.

Mi ddois i glywed bod y Torch Theatre, Aberdaugleddau, yn paratoi cynhyrchiad o *Blue Remembered Hills* gan yr athrylith Dennis Potter. Mi fues yn ffodus i gael cynnig rhan yn y cynhyrchiad. Doedd y pres ddim yn arbennig o dda ond doedd dim modd gwrthod cyfle o'r fath. Mae'n ddrama arbennig sy'n cynnig her i oedolion wrth actio plant. Roedd hefyd yn golygu bod angen i mi rannu tŷ efo criw o'r actorion eraill draw yn Aberdaugleddau. Roedd y cyfan yn brofiad grêt ac yn un o'r cyfnodau mwya hapus i mi ei gael mewn theatr. A heblaw am y profiad theatrig gwych, roedd hefyd yn cyd-fynd â phen-blwydd Ieuan yn dair oed ac mi gawson ni barti iddo fo i lawr yno – gan gynnwys teisen Tweenies! Mi brynais i garej iddo o Woolworths. Doeddwn i ddim yn gallu fforddio un dda iawn ac, oherwydd hynny, bu'n rhaid i mi ychwanegu lot o *Sellotape* i ddal y garej at ei gilydd. Roedd nain a taid Ieuan wedi llogi bwthyn heb fod yn bell o'r theatr er mwyn i ni i gyd fod efo'n gilydd dros gyfnod ei ben blwydd. Amser gwerthfawr iawn a ddangosodd yn ddigon clir nad pres yw pob dim.

Wedi Nadolig digon tawel o ran gwaith, mi ddechreuodd y flwyddyn newydd efo cynnig i fod yn rhan o gynhyrchiad go arbennig. Roedd Theatr Clwyd, a Terry Hands yn benodol, yn bwriadu cynhyrchu'r ddrama, *King Lear*. Mi ges gynnig rhan a dyna fynd ati i wneud un o ddramâu Shakespeare ar raddfa nad oeddwn i wedi bod yn rhan ohoni o'r blaen. Mi fyddai hon yn ddrama fawr yng ngwir ystyr y gair. Roedd Terry wedi llwyddo i berswadio'r enwog Nicol Williamson i chwarae rhan Lear ei hun. Roedd Nicol yn actor Shakespearaidd o fri ac iddo enw adnabyddus drwy fyd y theatr. Albanwr oedd o, dyn mawr a chanddo wallt cochlyd. Daeth holl nodweddion dyn a feddai ddisgrifiad o'r fath i'r amlwg yng nghorff Nicol! Dyn gwyllt, mawr o ran cymeriad a phresenoldeb oedd o. Tipyn o foi, ond actor anhygoel. Trwy gyd-ddigwyddiad hefyd, Nicol chwaraeodd ran Lennie yn fersiwn deledu *Of Mice and Men* yn y chwedegau, yr un cymeriad ag a chwaraeais i efo Theatr Clwyd. Roedd gen i gyfle prin iawn rŵan i actio ochr yn ochr ag actor enwog, profiadol iawn yn myd y theatr.

Roedd gan Nicol dŷ yn Efrog Newydd, un yn Amsterdam ac yn ei dŷ yng Ngwlad Groeg roedd yn byw pan oedden ni'n paratoi *Lear*. Yn y cyfnod hwnnw, roedd wedi cael enw am fod yn rhy hoff o'r botel. Ond roedd yr un gallu ganddo fo ac roedd Steffan Rhodri, Siwan Morris, Ifan Huw Dafydd, Bob Blythe a gweddill y cast, wrth ein boddau yn cael y cyfle i rannu llwyfan efo fo. Pan ddaeth diwrnod darllen drwy'r sgript, mi aeth Nicol amdani go iawn ac roedd y gweddill ohonan ni'n eistedd 'nôl yn gegrwth wrth wrando arno fo. Roedd pob un ohonan ni'n meddwl yn dawel bach i ni'n hunain, 'Blydi hel! *Read-through* yw hwn! Sut bydd o yn y peth go iawn?' Doedden ni ddim yn gallu ymarfer unrhyw ran a oedd yn cynnwys Lear ar ôl dau y prynhawn, dyna oedd dymuniad Nicol. Felly roedd yn rhaid ymarfer pob rhan hebddo fo ar ôl dau o'r gloch. Ymhob ymarfer, byddai Nicol yn gwisgo crys-t gwyn a *padded anorak*.

Bob hyn a hyn, allan o boced y gôt chwyslyd hon, mi fyddai'n estyn darn o ham a'i fwyta. Roedd yn amlwg wedi cadw'r cig o'r gwesty lle roedd o'n aros. Yn y boced arall, roedd *chillis* ac roedd yn estyn am un o'r rheini'n achlysurol hefyd. Ond er mor ecsentrig a gwyllt oedd o, roedd un peth yn sicr. Mi dynnodd y gorau allan o bob un ohonan ni weddill y cast, heb os.

Roedd Terry wedi trefnu rhyw naw rhagberfformiad cyn y noson pan fyddai'r wasg yn gweld y ddrama. Mae hynny'n dipyn mwy nag arfer. Mi aeth y ddau neu dri perfformiad cynta yn dda iawn. Cyn y trydydd, mi ffoniodd Nicol Ifan Huw a Bob Blythe a dweud ei fod am fynd â'r ddau allan i ginio. Allan â nhw i rywle yn ardal Rhuthun, gyrrwr Terry Hands oedd yn mynd â nhw yno. Roedd y gwin yn llifo i gyfeiriad Nicol ac roedd Huw a Bob yn gwneud eu gorau glas i wrthod y bwlio yfed a oedd yn cael ei anelu tuag atyn nhw. Wedi gorffen bwyd, mi stopion nhw mewn tafarn ar y ffordd 'nôl a dechreuodd yr yfed unwaith eto. Roedd Huw a Bob, chwarae teg iddyn nhw, yn llwyddo i ymwrthod o hyd. Pan wnaethon nhw gyrraedd 'nôl i'r theatr, erbyn galwad pum munud i saith, daeth Nicol at stafell wisgo Steffan Rhodri a fi. Curodd y drws ac wedi ei agor cyhoeddodd â'i holl bresenoldeb theatrig a'i wyneb piws, 'Hey boyos! It's going to be f*****g real tonight!' Roedd Steff a fi yn gwybod yn iawn y gallai fod yn noson ddigon anodd a diddorol!

Agorodd y llenni, ac roedd pawb ar y llwyfan ar gyfer golygfa rhannu'r deyrnas. Ymlaen â Nicol i'r llwyfan a dechrau: 'Attend the Lords of France and Burgundy, Gloucester'. Wel, dyna oedd o i fod i'w ddweud o leia. Ond doedd o'n dweud dim byd, dim gair. Dechreuon ni'r cast edrych ar ein gilydd yn dawel bach a meddwl beth oedd yn digwydd. Roedd y gynulleidfa'n gwybod beth roedd o i fod i'w ddweud hefyd wrth gwrs. Wedi iddo gyrraedd ffrynt y llwyfan, mi drodd i'n hwynebu ni'r cast. Ac yna mi ddechreuodd siarad. 'As I look at all of you... and as I cast this flower to the ground, I say to you all, I was once a great man, capable of great things. I'm no longer capable of them.' Trodd wedyn at y gynulleidfa. 'Ladies and Gentlemen,

I'm not a rich man, but I will refund all of your tickets. This is it. This is the end.' Ac mi gerddodd oddi ar y llwyfan.

Roedd pawb yn hollol fud, wedi eu syfrdanu'n llwyr. Amhosib oedd gwybod beth i'w ddweud. Dyna lle roedd llond llwyfan o actorion proffesiynol mewn theatr yn wynebu cynulleidfa lawn, ond neb yn gwybod beth i'w ddweud. Daeth rhywun o'r cwmni rheoli ymlaen i'r llwyfan i gyhoeddi'n swyddogol, ond ddim hanner mor ddramatig, fod perfformiad y noson wedi ei ganslo am nad oedd Nicol yn teimlo'n hwylus! Erbyn hynny roedd Nicol wedio cloi ei hun yn ei stafell wisgo ac mi adawodd y theatr i fynd i'r dafarn gerllaw heb siarad â neb.

Yn ara bach, roedd siom yr hyn ddigwyddodd yn ein taro ni fel actorion. Roedd yn sioe dda, roedd o'n dda ynddi, roedd yn adeiladu'n dda iawn tuag at y noson agoriadol. Ond rŵan, doedd dim perfformiad y noson honno a neb yn gwybod beth fyddai'n digwydd i weddill y perfformiadau. Roedd y cyfan oll yn fwy anodd ei dderbyn gan ein bod ni i gyd yn gwybod ein bod ni cystal ag yr oedden ni oherwydd i ni ddysgu gan y meistr, Nicol Williamson. Rŵan roedd o wedi diflannu o'r llwyfan ar ddechrau perfformiad. Mae'n wir efo unrhyw athrylith, rhaid derbyn y drwg a'r da. Roedd y noson honno'n gwthio'r gred honno i'r eitha. Ffwrdd â ni actorion i gyd wedyn i dafarn y Miners heb fod yn bell o'r theatr. Rhaid oedd dygymod â'r fath sefyllfa efo'n gilydd, heb os. O'r fan honno, mi wnaethon ni adael sawl neges ar ffôn symudol Nicol ac yn y gwesty lle roedd yn aros yn dweud ein bod yn ei gefnogi ac yn dymuno ei groesawu yn ôl ar gyfer gweddill y perfformiadau. Erbyn diwedd y noson, mae'n siŵr i ni anfon negeseuon ato yn dweud ein bod i gyd yn ei garu'n angerddol. Beth bynnag, roedd y negeseuon yn ddigon cefnogol iddo a'r rhan fwya ohonan ni isio fo 'nôl fory nesa. Mi aeth yn noson ddigon blêr arnan ni a dweud y gwir a phob un ohonan ni wedi cydio ym mantell Nicol o ddifri. Roedden ni'n barod i berfformio, roedd ein holl egni a'n ffocws ar chwarae ein rhannau yn un o ddramâu mawr Shakespeare. Ddigwyddodd hynny ddim ac roedd yn rhaid i'r egni a'r adrenalin lifo allan rywsut, rywle. Noson emosiynol iawn.

Bore wedyn, roedd Terry wedi llwyddo i gael gair efo Nicol. Llwyddodd rywsut i'w berswadio i ddod yn ôl. I mewn ag o i'r theatr y diwrnod hwnnw, yn ddyn digon tawel, fath â llo bach a dweud y gwir. Mi gyrhaeddodd y llwyfan ar gyfer yr olygfa agoriadol ac mi arhosodd tan ddiwedd y perfformiad. A dyna'r gorau i mi ei weld yn actio erioed. Roedd yn anhygoel. Roedden ni i gyd yn teimlo ein bod ym mhresenoldeb un o'r mawrion. O ganlyniad, roedd pob un ohonan ni isio codi ein lefel ninnau hefyd, cymaint oedd ei ysbrydoliaeth. Mi arhosodd ar gyfer y perfformiadau eraill hefyd. Ond doedd yr un perfformiad cystal â'r un cynta hwnnw wedi drama'r noson cynt. Cafwyd ambell gip o ddwyster a mawredd y perffomiad y noson honno yn rhai o'r perfformiadau a ddaeth wedyn. Ond ar yr un noson honno, roedd ar lefel gwbl wahanol.

Wedi diwedd perfformiad ola *King Lear* yn yr Wyddgrug, i lawr â ni ar gyfer ein hwythnos breswyl arferol yn y New Theatre, Caerdydd. Roedd Nicol efo ni hefyd ac mi gawson ni amser arbennig. Wedi i'r wythnos honno ddod i ben, felly, daeth cyfnod arall efo Theatr Clwyd i ben i mi. Roeddwn wedi cael cyfle gwych ganddyn nhw i ddatblygu fel actor. Mi ddechreuais drwy chwarae ceffyl a gorffen yn chwarae rhan Kent, yr uchelwr ffyddlon, yn *King Lear*. Roedd yn esiampl glir i mi fod angen manteisio ar bob cyfle a ddaw i'ch rhan a gwneud y gorau ohono, hyd yn oed os mai chwarae ceffyl ydych chi. Yn sicr, roedd Terry Hands wedi cymryd gofal arbennig dros fy natblygiad. Roeddwn yn ifanc fel actor os nad yn ifanc fel person ac mi welodd fod y profiadau bywyd roeddwn i wedi eu cael yn mynd i fod o help i mi ddehongli cymeriadau ar lwyfan. Roedd y profiad o actio Shakespeare yn werthfawr, roeddwn yn deall sut mae geiriau'r bardd yn rhoi cyfle i actor fynegi ei hun mewn ffordd gwbl unigryw. Yn ddigon rhyfedd, doedd troi at y Saesneg anghyfarwydd a gwahanol o ran strwythur a geirfa sydd yng ngwaith Shakespeare ddim hanner mor drafferthus â throi at Gymraeg ffurfiol a lletchwith *Skylight*, y ddrama berfformiais i yn yr Eisteddfod Genedlaethol.

10

Ddim yn perthyn
a *Belonging*

ROEDDEN NI'N DAL i fyw yn y Bont-faen a doedd dim sôn am symud o 'Tŷ Newydd', fel y gwnaethon ni ei enwi. Roedd yn fater o orfod chwilio am waith i mi unwaith eto, ond roeddwn yn hen gyfarwydd â hynny wrth gwrs. Wedi newid asiant, a chael fy nerbyn gan gwmni adnabyddus Scott Marshall, daeth cyfle i gael clyweliad ar gyfer cynhyrchiad o *The Caretaker* gan Harold Pinter a thrwy hynny gyfle i fynd at glasur cyfoes ar ôl perfformio un o glasuron Shakespeare. English Touring Theatre oedd yn cynhyrchu'r ddrama ac roedd y perfformiadau yn Llundain. Dim ond tri cymeriad sydd yn y ddrama ac mi fues yn eithriadol o ffodus i gael y rhan wnes i drio amdani. Gari Jones oedd yn cyfarwyddo'r cynhyrchiad, un o gyfarwyddwyr Harold Pinter ei hun. Felly roedd yn dipyn o gynhyrchiad. Roedden ni'n ymarfer yn The Cut yn Southwark, ger The Old Vic. Cefais le i aros yn Llundain efo Tony a oedd yn y Coleg Cerdd a Drama yr un pryd â fi ac roeddwn wedyn yn teithio 'nôl i'r Bont-faen bob penwythnos.

Roedd hon yn sialens actio gwbl wahanol i mi unwaith eto. Mae Pinter yn fanwl iawn o ran y cyfarwyddiadau yn ei ddramâu. Mae'r fath beth yn bod â'r '*Pinter Pause*', y cyfnodau hynny pan nad oes dim yn cael ei ddweud ac eto maen nhw'n gyfnodau pwysig iawn yn y ddrama. Rhaid gweithio ar rheina gymaint ag yr ydych yn gweithio ar y ddeialog. Roedd ganddon ni ryw fis o ymarfer cyn agor. Wedi tair wythnos, mi aeth yn ffrae go fawr rhwng y ddau actor arall a'r canlyniad oedd i'r un a oedd yn chwarae rhan Davies, sef y *Caretaker*, gerdded allan a gwrthod parhau efo'r ddrama. Dwn i ddim ai'r ffrae oedd yr esgus neu'r rheswm ond canlyniad y peth oedd bod wythnos ganddon ni cyn agor a doedd ganddon ni ddim *Caretaker*! Mae'n siŵr i'r cyfarwyddwr fynd trwy restr pob actor a oedd wedi chwarae Davies ac, yn y diwedd, mi gafwyd hyd i Malcolm Storry, actor profiadol iawn sydd wedi gwneud gwaith helaeth efo'r Royal Shakespeare Company. Mi gymerodd at y rhan, roedd yn wych, ac fe gymeron ni'n tri at ein gilydd yn rhwydd. Roedd bron fel petai pethau i fod i ddigwydd fel hyn ar gyfer y cynhyrchiad hwn. Agorodd y ddrama yn y Malvern Theatre. Mi rydw i bron yn siŵr mai'r lle nesa aethon ni oedd i'r Lowry ym Manceinion, yn sicr mi wnaethon ni berfformio yno rywbryd ar y daith am fy mod yn cofio un digwyddiad digon doniol. Mae'r Lowry yn theatr go fawr ar gyfer cynhyrchiad mor fach â *The Caretaker*, ond fan'no roedden ni. Roedd gen i araith hir iawn cyn yr egwyl lle ro'n i'n sôn am y profiad o gael *shock therapy* fel dyn ifanc. Wrth i'r olygfa fynd yn ei blaen, a finnau'n rhannu profiadau dirdynnol, dechreuodd y golau bylu yn araf bach nes yn y diwedd, dim ond un golau bach oedd ar fy ngwyneb. Ro'n i'n gorffen trwy ddweud yn ddistaw bach mewn moment ddwys iawn, '... and everything went quiet. Everything went really quiet.' 'Will the owner of a blue Ford Fiesta registration number...' oedd y llais byddarol a glywyd dros y *tannoy* bron cyn i mi orffen! Roedd y gynulleidfa yn rowlio chwerthin. Roedd amseru'r cyhoeddiad yn berffaith er na ddylai fod wedi digwydd fel'na o gwbl. Mi gerddais oddi ar y llwyfan yn ddyn anhapus iawn ac roedd yr awyr yn las. Digwydd bod roedd Ryland Teifi, ei wraig Roisin a rhai o'u teulu yn y theatr y noson honno hefyd. Roedd yn braf cael eu cwmni'r noson honno.

Ymlaen â ni wedyn i Ipswich, Bury St Edmunds, a sawl man arall nad oeddwn i wedi bod ynddyn nhw erioed. Mi aethon ni i Rydychen hefyd. Ar ein hail noson yno, mi ddaeth Harold Pinter ei hun i'n gweld, ynghyd â'i wraig, Lady Antonia Fraser.

Diolch i'r drefn, mi aeth y perfformiad yn iawn y noson honno ac, ar ddiwedd y noson, dyma Harold Pinter yn mynd â ni am bryd o fwyd. Roedd yn gwmni arbennig, yn ddyn hynod o garismataidd. Roedd yn ddyn pwerus iawn yn yr ystyr bod pawb yn gwrando ar bob gair roedd yn ei ddweud. Dw i erioed wedi cyfarfod neb arall â'r un gallu. Mi wnaethon ni fwyta'r bwyd ac yfed y gwin roedd o wedi'u prynu i ni a reit ar ddiwedd y noson mi ddwedodd fod ganddo ambell sylw i'w wneud ynglŷn â'r perfformiad roedd newydd ei weld. Doedd yr un o'r tri ohonan ni yn gwybod beth i'w ddisgwyl. Roedd wedi bod yn ddigon anodd eistedd yno drwy'r pryd bwyd heb iddo sôn gair am y perfformiad. Ond rŵan, ac yntau ar fin rhoi ei farn, doedden ni ddim yn gwybod beth i'w ddweud na'i wneud. Gwnaeth ei sylw cynta ynglŷn â rhywbeth roedd Gari'r cyfarwyddwr wedi'i benderfynu, sef rhoi coeden Nadolig ar y set. Does dim coeden fel arfer. 'I'm not sure about the Christmas tree,' meddai Pinter, 'but I'll let that one go.' Trodd ata i wedyn. 'Julian, the last scene of the play... when you're looking out of the window down at the shed, if you could just tilt your head up a couple of inches, it would be better. Your body language is one of defeat. It should be one of strength.' Mi ddwedodd ambell beth arall wrth y lleill a dyna fo. Mi allai fod dipyn gwaeth ond mi gymerodd y tri ohonan ni gryn nerth a hyder o'r ffaith iddo ddweud cyn lleied. Roedd yn deimlad boddhaol iawn. Y noson wedyn, mi wnes i ddeall yn union beth oedd ganddo mewn golwg wrth ddweud yr hyn ddwedodd wrtha i. Wrth gwrs, roedd yn llygad ei le. Dw i'n cyfri'r profiad yna'n fraint yng ngwir ystyr y gair.

Tra oedden ni ar daith, daeth galwad i fynd am glyweliad. Roedd ITV yn chwilio am deulu newydd ar gyfer y ddrama gyfres boblogaidd, *Where the Heart Is*, cyfres yr oedd y ddwy actores boblogaidd, Sarah Lancashire a Pam Ferris, yn serennu ynddi. Dechreuodd y ddrama yn 1997 ac roedd wedi hen gydio erbyn i mi gael yr alwad am glyweliad. Yn y diwedd, roedd ar y sgrin am naw mlynedd, hi oedd un o'r cyfresi hira ar ITV erioed. Erbyn cyrraedd Greenwich efo *The Caretaker*, mi ges alwad am ail glyweliad ar gyfer *Where the Heart Is*. Roedd Kim

wedi dod i fyny i aros efo fi yn Greenwich am gyfnod. Draw
â fi i stiwdio ITV ar y South Bank i ddarllen darn efo actores
a fyddai'n chwarae un o'r cymeriadau eraill, Kerry Taylor, a'r
boi fyddai'n chwarae fy mab, Danny Seward. Felly rŵan roedd
pwysau arnan ni i weld sut roedden ni'n actio efo'n gilydd, yn
hytrach nag fel unigolion yn unig. Roedd yn dipyn o hwyl i mi
gan fy mod i'n chwarae rhan *Cockney* yn *The Caretaker* ac ar
y ffordd i glyweliad ar gyfer rhan y tad mewn teulu o Swydd
Efrog. Mi allai hi fod wedi mynd yn draed moch, ond aeth
pethau'n iawn. Cefais ran Tom Beresford, rheolwr y ffatri, tad
i ddau o blant a dyn oedd wedi colli ei wraig, a chael cynnig
cytundeb chwe mis.

Roeddwn i fod i ddechrau ffilmio yn syth. Diolch byth,
roedd yna wythnos o fwlch rhwng Greenwich a pherfformiad
ola *The Caretaker* yn Grand Theatre, Blackpool. Ar ddiwedd y
perfformiad ola yn Greenwich, mi oedd yna gar yn fy nisgwyl
wrth ddrws y theatr er mwyn mynd â fi i fyny i Huddersfield
i ddechrau ffilmio y bore canlynol. Mi gyrhaeddon ni
Huddersfield tua dau, tri o'r gloch y bore ac yna roeddwn i fyny
am chwech i ddechrau ffilmio. Wythnos orffwys *The Caretaker*,
felly, oedd wythnos lawn yn ffilmio *Where the Heart Is*. Roedd
yn lladdfa, ond oni bai fod yr wythnos orffwys wedi ei threfnu,
fyddwn i ddim wedi cael y gwaith ar y ddrama deledu o gwbl.

Yr olygfa gynta y bu'n rhaid i mi ei ffilmio oedd araith hir
i weithwyr mewn ffatri. Roedden ni'n ffilmio mewn ffatri go
iawn ac roedd gweithwyr arferol y ffatri yn cael eu defnyddio
fel *extras*, yn ogystal â'r actorion oedd yn berthnasol i'r olygfa.
Roedd gofyn i finnau sefyll o flaen pawb a thraddodi'r araith
fawr 'ma. Am ddechrau anodd! Ychydig oriau ynghynt roeddwn
wedi camu oddi ar y llwyfan yn Llundain, yna roeddwn wedi
teithio i ogledd Lloegr ac, ar ôl rhyw dair awr o gwsg, roeddwn
ar set drama deledu yn ffilmio am y tro cynta. Mi ddywedodd y
cyfarwyddwr wrtha i wedyn, 'I think I made a mistake there...
I don't think I'll ask an actor to do that again!' Doedd hynny'n
fawr o gysur i mi, oedd o!

Mi fues yn ffilmio golygfeydd ar gyfer y ddrama bob diwrnod

yr wythnos honno. Mae cryn dipyn o bwysau ychwanegol ar actor i greu a sefydlu cymeriad newydd mewn drama sydd wedi hen gydio yn nychymyg y cyhoedd. Mae pawb yn edrych arnoch chi: y cyhoedd, y criw cynhyrchu ac uwch-reolwyr ITV 'nôl yn Llundain sy'n cadw golwg ar gynnyrch ffilmio'r dydd. Wedi wythnos ddwys, dan gryn dipyn o bwysau, roedd gofyn mynd i Blackpool ar gyfer noson agoriadol *The Caretaker*. Ond ddaeth y ffilmio ddim i ben. Roeddwn i'n ffilmio trwy'r dydd, ac roedd y cyfarwyddwr yn sicrhau fy mod wedi gorffen erbyn tua pedwar neu bump y prynhawn er mwyn i mi allu teithio draw i Blackpool erbyn perfformiad y noson agoriadol yn Blackpool. Diolch byth mai yn Swydd Efrog roedd *Where the Heart Is* wedi ei leoli. Mi fyddai'n stori dra gwahanol petai'n dod o Gernyw! Roedd yn dreth yn gorfforol ac yn emosiynol ond doedd dim dewis mewn sefyllfa fel'na, roedd yn rhaid ei wneud.

Mi glywais i mi gael y rhan yn *Where the Heart Is* tra oeddwn yn y Bont-faen am y penwythnos. Roeddwn wedi gyrru adra wedi'r perfformiad yn Bury St Edmunds. Ar y daith honno, erbyn cyrraedd Pont Hafren, mi wnes sylweddoli nad oedd gen i bres i groesi'r bont. Mae gwaith theatr yn arbennig ond dydy o ddim yn talu'n dda iawn. Beth bynnag roeddwn i'n ennill, roedd yn cael ei wario. Doedd y banc ddim yn fodlon i mi gael pres allan o'm cyfri drwy'r peiriant. Diolch byth, mi wnaeth y dyn oedd yn gweithio yn y gwasanaethau ger y bont y noson honno roi *cashback* i mi ar fy ngherdyn, er nad oedd i fod i wneud hynny. Llwyddais i gyrraedd adra felly. Erbyn y daith 'nôl at griw *The Caretaker*, roeddwn wedi clywed i mi gael rhan ym mhrif gyfres ddrama ITV. Rhyfedd fel mae bywyd actor yn gallu newid mewn dim! Roedd cael y rhan yn deimlad proffesiynol boddhaol iawn. Roedd yn golygu tipyn mwy i Kim a fi a'r teulu bach.

Un o'r pethau cynta roedd yn rhaid ei ffilmio oedd gêm rygbi, a finnau'n chwarae! Wel, am foddhad! Bois pêl-droed oedd y rhan fwya o weddill y cast ac roedden nhw'n casáu'r syniad o orfod actio chwarae rygbi. Roeddwn i, ar y llaw arall, wrth fy modd a doedd dim gwahaniaeth mai gêm rygbi tri ar ddeg oedd hi chwaith. Mi ddois i nabod hogia tîm lleol Slathewaite yn dda wrth i ni chwarae yn eu herbyn. I mi'n bersonol, roedd yn gyfle i chwarae gêm na chefais y cyfle i'w chwarae fel plentyn oherwydd fy salwch. Profiad pleserus ychwanegol oedd ein bod yn ffilmio'r rygbi ar fferm Cross Farm yn Holmfirth. Roeddwn 'nôl mewn cynefin digon cyfarwydd, felly. Mae pobol Swydd Efrog yn debyg iawn i ni'r Cymry ac mi wnes fwynhau eu cwmni'n fawr iawn.

Mi arhosais yn y George Hotel yn Huddersfield am ryw ddau fis. Ond daeth amser pan nad oeddwn yn hapus iawn i barhau i aros yno. Mae'n lle grêt, ond mae cyfnod hir mewn gwesty yn gallu bod yn unig a diflas iawn. Felly, mi ofynnais a fyddai'r cwmni'n fodlon i mi gymryd yr arian roedden nhw'n ei dalu i mi aros yn y gwesty a'i ddefnyddio i dalu am fwthyn i mi fy hun. Mi gytunon nhw ac mi ddois i o hyd i fwthyn yn Holmfirth, lle roedden nhw'n ffilmio *Last of the Summer Wine*. Roedd hynny'n dipyn gwell trefniant i mi. Mi ddaeth Kim a'r plant i fyny fwy nag unwaith, fel y gwnaeth Mam a Dad a rhieni Kim hefyd. Roedd yn rhaid i ni ffilmio yn y ffatri bob yn ail ddydd Sul. Felly, dim ond bob pythefnos roedd cyfle i fynd adra am benwythnos. Pan oeddwn yn gwneud hynny, roedd gadael cartra eto i ddod 'nôl at y ffilmio yn anodd iawn iawn. Mi wnaeth y bwthyn ysgafnhau tipyn ar y baich hwnnw.

Doedd o ddim yn help chwaith nad oeddwn yn cael y teimlad cynhesa posib wrth weithio i'r cwmni oedd yn gyfrifol am y gyfres. Roedd staff y swyddfa a'r tîm cynhyrchu yn ddigon clên a chyfeillgar. Ond teimlad digon oeraidd roeddwn yn ei gael o du rheolwyr ITV. Os oedden nhw'n mynd â ni am bryd o fwyd rywbryd, roedd wastad deimlad o fod ar brawf, teimlad eu bod nhw yno i geisio'n dal ni allan. Roedd yn fyd gwahanol iawn i mi o'i gymharu â byd y theatr. Ond roedd yn waith da.

Wedi'r gyfres gynta, mi benderfynodd Kim a fi brynu tŷ. Profiad digon cyffrous oedd trafod y posibilrwydd o wneud hynny am y tro cynta ers i ni fod efo'n gilydd. Mi brynon ni dŷ yn y Bont-faen, gyferbyn â'r cae rygbi a'i enwi'n Strade Fach. Mi drefnais i gael plac â'r enw arno. Erbyn hynny roeddwn yn gefnogwr Scarlets brwd a hynny ar ôl cysylltu â nhw am y tro cynta draw yn San Diego. Wrth ffilmio ar gyfer rhan fechan yng nghyfres *The Bench* i BBC Wales mi wnes i gwrdd â Ray Gravell. Digon yw dweud i hynny newid fy ymroddiad i gefnogi'r clwb yn llwyr! Pryd bynnag roedd cyfle, roeddwn yn mynd i weld gêmau ar y Strade ac yn aml yn aros efo Grav a Mari yn eu cartra.

Pan ddaeth cyfnod drama gyfres *Where the Heart Is* i ben, agorodd drws i ddrama gyfres arall i mi, 'nôl yng Nghymru y tro hwn. Roedd *Belonging* yn llwyddiant mawr yn y wlad hon. Roedden nhw'n chwilio am rywun i chwarae cymeriad newydd o'r enw Moz Morris, canwr mewn band yn y Cymoedd. Doeddwn i ddim yn gallu canu i ddechrau! Ond cefais neges i ddweud mai chwilio am actor oedden nhw, un a allai wneud rhywfaint o ganu petai angen. Iawn, felly ffwrdd â fi am glyweliad a chael y rhan. Sôn am brofiad gwahanol i *Where the Heart Is*! Roedd gen i ryddid yn achos *Belonging* i greu'r cymeriad fel yr oeddwn i'n ei weld. Doedd dim hanner cymaint o reoli a rheolaeth ar y cynhyrchiad yng Nghymru ag oedd ar un ITV. Hawdd oedd cael y teimlad wrth ffilmio mai fersiwn Llundain o fywyd Swydd Efrog oedd *Where the Heart Is* mewn gwirionedd. Doedd hynny ddim yn teimlo'n iawn i mi. Roedd safon ysgrifennu *Belonging* gymaint uwch hefyd ac Euros Lyn fel cyfarwyddwr yn fwy parod o lawer i ymddiried yng ngallu'r actorion.

Mi ges gynnig ail gyfres o *Where the Heart Is* ac mi dderbyniais y cynnig. Ar ddechrau'r ffilmio, mi es â fideo o sawl un o raglenni *Belonging* efo fi i ddangos i weddill y cast. Roedden nhw wedi bod yn holi am y gyfres arall yma roeddwn wedi bod yn gweithio arni yng Nghymru. Pan wnaethon nhw weld y penodau cynta roedden nhw wrth eu boddau. Roedd pob un ohonyn nhw yn mwynhau'r gyfres yn fawr ac roedd llawer ohonyn nhw'n actorion a oedd wedi gweithio ar gyfresi drama fath â *The Bill* a *Coronation Street*. 'Why can't we see this in England?' oedd eu cwestiwn cyson. Mae'n rhaid dweud ei fod yn drueni na chafodd *Belonging* y cyfle roedd yn ei haeddu y tu hwnt i Gymru. Dwn i ddim a oedd 'na ryw agwedd nad oedd modd ei dderbyn am ei fod o Gymru ac felly, yn eu tyb nhw, ddim yn cŵl. Prin iawn oedd y dramâu wedi eu lleoli yng Nghymru a ddarlledwyd trwy Brydain yn y dyddiau hynny. Doedd dim prinder cyfresi wedi eu gosod yn Swydd Efrog – *Where the Heart Is, Heartbeat* a *Last of the Summer Wine*, tair poblogaidd tu hwnt wedi eu ffilmio yn yr un sir. Ond doedd neb yn dod yn agos at Gymru o ran cyfresi tebyg. Tybed beth fyddai'r ymateb heddiw, yn y dyddiau ar ôl llwyddiant *Gavin & Stacey*? Byddai'n ddiddorol gweld a fyddai'r agwedd tuag at y gyfres yn wahanol rŵan.

Felly, roedd gen i waith yng ngogledd Lloegr drwy'r gaeaf ac yng Nghymoedd y de yn yr haf. Roedd yn amrywiaeth, yn golygu cryn dipyn o deithio, ond roedd yn waith sefydlog. Mi oedd 'na gyfnodau tawel, cyfnodau heb waith o gwbl a chyfle i wneud ambell raglen deledu, ond am gyfnod hir mi es o un gyfres o *Where the Heart Is* i gyfres o *Belonging*, i gyfres arall o *Where the Heart Is* at gyfres arall o *Belonging*. Wedi gorffen yr ail gyfres yn Huddersfield, a heb fod yna unrhyw sôn am ddrama yn seiliedig ar straeon Alexander Cordell na Theatr Clwyd chwaith, mi oedd Kim yn feichiog unwaith eto.

11

Ymateb y galon i'r Tsunami

A BOD YN fanwl gywir, roedd Theatr Clwyd ar fin cysylltu pan ddeallon ni fod Kim yn feichiog. Ymhen dim, mi ddaeth Terry Hands ata i unwaith eto a chynnig rhan i mi a oedd yn wireddu breuddwyd. Roedd am gynhyrchu *The Crucible* gan Arthur Miller ac am i mi·chwarae'r brif ran. Mae rhan John Proctor yn un o'r rhannau mawr yna sy'n bodoli ym myd theatr i actor ac roedd Terry Hands wedi gofyn i mi ei chwarae. Roeddwn wedi gwirioni'n lân. Roedd Kim yn disgwyl y babi yn ystod yr wythnos gynta ym mis Medi ac roedd yr ymarferion i ddechrau tua'r adeg hynny hefyd. Felly, unwaith eto roedd yna gysylltiad rhyngdda i'n actio efo Theatr Clwyd a Kim yn beichiogi, ond mewn ffordd ychydig yn wahanol i'r ddau dro arall. Buodd Kim a fi'n siarad cryn dipyn ynglŷn â be ddylen ni ei wneud y tro hwn ac mi ddaethon ni i'r casgliad y byddai angen i mi fod o gwmpas dipyn mwy yn ystod y trydydd cyfnod o feichiogrwydd, gan fod dau blentyn bach i ofalu amdanyn nhw hefyd. Felly, penderfynwyd y dylwn i ffonio Terry a gwrthod y cynnig i chwarae John Proctor. A dyna wnes i. Mi wnaeth Terry wrando yn gwrtais ac mi roedd yn ddiffuant iawn wrth fynegi ei siom. Roeddwn innau hefyd wedi cael cryn dipyn o siom.

Ychydig cyn hynny, roeddwn wedi trefnu syrpréis ar gyfer Kim a'r plant. Oherwydd bod ein mis mêl yn Iwerddon wedi mynd mor wael ac wedi gorffen yn drychinebus, mi drefnais ein bod yn ail-greu'r union daith a wnaed gennym ar ein mis

93

mêl, ond efo'r plant y tro hwn. Mi gawsom amser hyfryd y tro yma yn aros mewn bwthyn yn Dingle. Ond mi ddaeth yn amlwg nad oedd Terry Hands yn fodlon ar fy mhenderfyniad i beidio â pherfformio *The Crucible*. Mi ffoniodd fi yn ddi-baid tra oeddwn yn Iwerddon. Dywedodd iddo gastio'r holl ddrama o'm cwmpas i. Mi wnes i ei atgoffa bod yn rhaid i mi aros efo Kim, roeddwn wedi addo iddi a doeddwn ddim am dorri fy ngair. Mi ddaeth yr wythnos i ben yn Dingle ac mi gawson ni wyliau bendigedig. Rwy'n credu i mi ddiffodd fy ffôn i ar ôl rhai dyddiau!

'Nôl yng Nghymru, roeddwn yn Sioe Amaethyddol Bro Morgannwg efo Ieuan a Mared. Mi rydw i'n cofio meddwl nad oedd gen i waith ar y pryd. Mi es i drwy amseru'r wythnosau nesa a gweld a oedd modd perfformio'r ddrama a bod yno ar gyfer Kim. Wedi mynd adra, ces sgwrs efo Kim am y peth a'r canlyniad oedd y dylwn fynd 'nôl at Terry a dweud fy mod ar gael ar yr amod fy mod yn cael fy rhyddhau ar gyfer yr enedigaeth. Roedd Terry, wrth gwrs, wrth ei fodd.

Pan ddaeth diwrnod yr enedigaeth, yr wythfed o Fedi 2003, mi roeddwn i yno, yn Ysbyty Llandochau, Caerdydd, i weld hogyn bach yn cyrraedd y byd. Roedd Siôn yn glamp o fabi, chwarae teg iddo. Fel y digwyddodd pethau, y diwrnod hwnnw oedd diwrnod cynta ar gyfer ymarferion *The Crucible*. Roedd pawb yno heblaw amdana i. Y bore canlynol, roedd Kim a'r babi yn ddigon da i fynd adra ac mi es â nhw 'nôl i Strade Fach. Ffwrdd â fi wedyn 'nôl i'r Wyddgrug.

Roedd Terry wedi rhoi caniatâd i mi aros yng ngwesty Plas Hafod, er mwyn gwneud pethau ychydig yn haws i mi, dw i'n credu, chwarae teg iddo. Ac mi aeth â fi allan am ginio'r noson honno hefyd. Dyna'r diwrnod cynta i mi gael unrhyw fath o gyfle i feddwl am ran John Proctor. Mi wnaeth fy nharo yn real iawn fod gen i ran fawr i'w chwarae yn y cynhyrchiad hwn ac mi ddechreuodd realiti'r sefyllfa wawrio arna i. Mi ddaeth Phil, y cyfarwyddwr cynorthwyol, ata i gyda'r nos ar ôl pob ymarfer er mwyn fy helpu i ddysgu llinellau. Roedd yn gyfle grêt i weithio eto efo pobol fel Steffan Rhodri, Bob Blythe, Ifan

Huw a hefyd Mel Storry, yr actor gamodd i gynhyrchiad *The Caretaker* ar y funud ola.

Ces fwthyn cyfagos wedi wythnos yn y gwesty, bwthyn efo lle tân go iawn! Roedd dysgu llinellau, paratoi ac ymarfer yn gwbl flinedig ac mae'r perfformio ei hun mewn drama fel hon yn brofiad dwys iawn. Petawn wedi mynd ati yn gwbl ffres, mi fyddwn wedi llwyr ymlâdd erbyn y diwedd. Roedd dechrau arni wedi blino yn gwneud pethau'n fwy anodd o lawer! O'r funud mae cymeriad John a'i wraig yn cael eu cyhuddo o fod yn rhan o'r holl fusnes gwrachod mae'r ddrama yn symud yn ei blaen yn gyflym iawn. Mae'n rhaid dweud i bethau fynd yn arbennig o dda ac mae'n un o'r rhannau yn fy ngyrfa rydw i'n falch iawn ohoni.

Un o'r rhesymau pam roeddwn wedi blino cymaint oedd i mi gael rhan yn y gyfres *Tipyn o Stad* ar S4C yr un pryd. Felly, roeddwn yn ffilmio yn ardal Caernarfon yn y dydd ac yn y theatr gyda'r nos. Fel rydych chi wedi dechrau deall erbyn hyn, mae'n siŵr, fel'na mae bywyd actor yn aml. Yn ystod un o'r perfformiadau, tua diwedd y rhediad, roeddwn ar y llwyfan yn un o'r golygfeydd yn y llys, ac yn dod at ddiwedd *The Crucible* pan deimlais fy mhen yn dechrau troi. Roeddwn yn sicr y byddwn yn llewygu. Cydiodd Ifan Huw a Bob yndda i, a'm dal ar fy nhraed heb iddi fod yn amlwg i bawb arall beth roedden nhw wedi'i wneud. Mi garion ni ymlaen â'r ddrama yn ddi-dor. Ond erbyn cyrraedd cefn y llwyfan wedi'r perfformiad, doeddwn i ddim yn gallu symud. Gorwedd ar lawr y stafell wisgo, yn gwbl lonydd, oedd yr unig beth y gallwn ei wneud. Galwodd Terry'r ambiwlans ac mi es i'r ysbyty. Cadarnhawyd fy mod yn iach o safbwynt pwysau gwaed, fy nghalon ac ati ac mai blinder llwyr oedd achos y ffordd roeddwn yn teimlo. Chwarae teg i Terry, mi brynodd botelaid fechan o ocsigen i'w chadw tu cefn i'r llwyfan rhag ofn. Roedd pawb arall yn falch o honno hefyd ac yn fwy na pharod i gymryd rhyw ddracht fach ohoni.

Roedd gweithio ar *The Crucible* yn brofiad ffantastig, ond mi roeddwn hefyd yn falch iawn o gael anelu'r car tua'r de a thua'r Bont-faen ar ddiwedd y rhediad. Roedd angen gorffwys o ryw fath ond, yn fwy na hynny, roedd angen treulio amser efo Siôn bach hefyd. Roedden ni'n deulu â thri o blant ac roeddwn i'n ysu am gael dechrau mwynhau'r profiad hwnnw.

'Nôl i ogledd Lloegr nesa. Daeth y newyddion da i mi gael cynnig trydedd gyfres o *Where the Heart Is*. Yn yr ail, mi gefais stori go fawr yn yr ystyr bod fy nghymeriad, Tom Beresford, wedi priodi. Mae priodas ar unrhyw ddrama gyfres yn rhywbeth mawr ac mi oedd hynny'n wir ar y gyfres hon. Mi ddaeth y *TV Times* ar y set a'r holl sioe i gyd. Yn y drydedd gyfres, felly, roedd gofyn i mi ddatblygu'r cymeriad fel gŵr priod a hynny'n golygu cael babi efo fy ngwraig newydd. Doedd straeon y gyfres ddim y rhai cryfa yn y byd, ond mi oedd yn waith da, yn gyfres boblogaidd ac yn brofiad gwahanol. Hefyd, mi ddois i nabod yr ardal yna o Swydd Efrog yn dda iawn dros gyfnod y ffilmio. Roeddwn yno am ryw flwyddyn a hanner i gyd, i bob pwrpas, ac mi wnes fwynhau'r lle yn fawr iawn. Mae'n rhaid i mi fynd yn ôl yno rywbryd.

Ond roedd 'na ran arall o'r byd roeddwn yn hoff iawn ohoni hefyd ac, yn yr achos yma, roedd yn rhan yr oeddwn yn awyddus iawn i fyw ynddi. Felly dyma Kim a fi yn trafod symud unwaith eto ac ystyried setlo yng ngorllewin Cymru. Trwy'r rygbi a Grav mi ddois i nabod pobol Llanelli a Sir Gaerfyrddin yn dda. Daeth nifer yn ffrindiau da. Roeddwn yn hoff iawn o'r Bont-faen. Roedd ganddon ni atgofion melys iawn o fyw yno ac o Ieuan a Mared yn tyfu i fyny yno. Ond roeddwn am ddod o hyd i rywle mwy gwledig, tebycach i Ynys Môn, lle mwy Cymreigaidd o ran yr iaith bob dydd. Mi ddaethon ni ar draws tŷ a oedd yn cael ei adeiladu yn Llanarthne, rhwng Caerfyrddin a Llandeilo, a'i brynu. Mi setlon ni'n gyflym iawn yn ein cartra newydd ac mi setlodd y plant yn rhwydd yn Ysgol Gynradd Nantgaredig hefyd.

Mi gawson ni amser da y Nadolig cynta hwnnw yn y cartra newydd, cyn dechrau ar bedwaredd gyfres *Where the Heart Is*. Ond y diwrnod ar ôl Gŵyl San Steffan mi ddigwyddodd y Tsunami. Roeddwn yn y *gym* pan glywais y newyddion a phan welais y lluniau ar ôl cyrraedd adra mi wnaeth fy hitio yn go galed. Roedd Siôn ychydig dros flwydd oed. Roedd gen i ddau blentyn ifanc arall a dyna lle roeddwn yn gweld rhieni yn colli plant oherwydd trychineb ym myd natur nad oedd neb yn gallu ei reoli. Roedd yn dorcalonnus. Roedd gen i awydd cryf i wneud rhywbeth er mwyn gallu cyfrannu at y sefyllfa. Mi ffoniais Adrian Howells, un o gynhyrchwyr rhaglen *Wedi 7* ar y pryd, a dweud wrtho fod gen i fwriad i gerdded o Barc y Strade yn syth ar ddiwedd gêm Heineken y Scarlets yn erbyn Northampton, i fyny yr holl ffordd at hen glwb y Scarlet rhyngwladol, Robin McBryde. Roedd y gêm ar bnawn Sul. Mi ffoniais Adrian ar y prynhawn Gwener. Doeddwn i ddim wedi paratoi ar gyfer y fath daith, ond roeddwn yn mynd arni, doed a ddelo. Mi wnaeth Adrian a sawl ffrind arall ffonio fel y cythraul i geisio cael cefnogaeth i'r ymdrech. Rhoddodd Gravells Cydweli gar i ni. Daeth ffrind o'r Bont-faen efo fi i yrru'r car a oedd yn cario offer a bwyd o bob math. Ni chafwyd dechrau da i'r daith. Collodd y Scarlets. Ond, ta waeth, i ffwrdd â fi ynghanol Ionawr i ddechrau cerdded tua gogledd Cymru. Diolch byth, roedd gwesty'r Llwyn Iorwg yng Nghaerfyrddin wedi cynnig lle i Foxy a fi ar y noson gynta honno cyn i ni ddechrau ein hail gymal. Yn y gwesty, mi sylweddolais fod gen i bothell ar fy nhroed. Dim ond cerdded i Gaerfyrddin roeddwn wedi ei wneud. Roedd degau a degau o filltiroedd ar ôl!

Daeth Grav i ymuno â fi ar yr ail ddydd, fel y gwnaeth Ryland Teifi. Cafwyd digon o sylw ar y radio ac mi wnes gyfrannu i raglen Grav bob dydd o'r daith wedi hynny. Erbyn Llanllwni, roedd y bothell wedi tyfu dros fy esgid. Rhaid oedd cael triniaeth. Dyna wnes i yn Llambed. Ar ben hynny, bu'n rhaid i mi newid stafell wely gan nad oeddwn yn gallu cysgu oherwydd bod Foxy yn chwyrnu cymaint. Roedd y bothell yn rhoi lot fawr o boen. Mi ges bâr o *trainers* gan siop yn Llambed a oedd dipyn gwell na'r sgidiau oedd gen i. Ond roedd y droed yn boenus o hyd. Llambed i Aberaeron oedd y cymal nesa, lle roedd Gwesty'r Harbourmaster wedi cynnig lle i ni dros nos. Cefais fath hyfryd a derbyniol dros ben. Ond doedd y droed ddim yn gwella. Roeddwn i'n ymwybodol iawn cymaint o bobl oedd wedi addo arian a phob math o gefnogaeth. Doeddwn i ddim am fethu yn fy ymdrech a siomi'r holl bobl hynny.

Yn yr Harbourmaster, mi gefais sgwrs efo dyn o'r enw Clive Thomas a'i wraig. Mae'n ddyn busnes digon adnabyddus yn ardal Aberaron. Roedd ganddo ddiddordeb mawr yn yr hyn roeddwn i'n ei wneud. Trodd ata i ymhen tipyn a dweud ei fod am roi £500 at yr achos. Mi aeth ymhellach. Dywedodd petawn i'n mynd ar y radio a chodi £500 arall y byddai'n cynyddu ei gyfraniad yntau i £1,000! Mi aeth ymhellach eto. Dywedodd y byddai'n dod efo fi ar y daith! Doeddwn i ddim yn siŵr ai'r gwin oedd yn siarad ar ddiwedd y noson. Felly'r bore wedyn, doeddwn i ddim yn disgwyl ei weld mewn gwirionedd. Ond roedd yno'n barod. Mi ddaeth i gerdded efo fi.

Mi gyrhaeddon ni Aberystwyth. Roeddwn bron â syrthio i gysgu ynghanol bwyd y noson honno. I fyny â fi i fy ngwely yn eitha cynnar. Y bore wedyn, doeddwn i ddim yn gallu cerdded i lawr y grisiau. Dim gobaith. Doedd y *trainers* ddim yn gallu mynd ar fy nhraed. Hyd yn oed heb y c'reiau. Wedi cryn ymdrech, mi es i lawr y grisiau ac allan ar y stryd. Yn nhraed fy sanau, mi gerddais yn ofalus at siop Millets er mwyn prynu sgidiau cerdded. Mi gefais rai maint 12, un maint yn fwy na'r *trainers* wnes i eu prynu yn Llambed. Roedd mwy o le ar gyfer *bandages* rŵan hefyd. Mi gymerais dabledi a ffwrdd â fi unwaith eto. Wrth ymyl y Llyfrgell Genedlaethol, bu'n rhaid stopio a gwisgo'r clwyf unwaith eto. Machynlleth oedd y stop nesa i fod. Rywsut, mi gyrhaeddais. Roeddwn yn dechrau dod yn arbenigwr ar sut oedd trin y clwyf ond doedd o ddim yn gwella o gwbl. Roedd ambell un o ewinedd fy nhraed yn dechrau dod yn rhydd hefyd erbyn hyn.

Mi wnes sawl cyfweliad radio ar y ffordd a hynny efo sawl gorsaf gwahanol. Yn ystod un sgwrs efo Radio Ceredigion, bu'n rhaid i mi ofyn am gael dod â'r sgwrs i ben. Roedd sŵn rhyfedd yn dod o'r ddwy droed. Roedd cymaint o 'stwff' yn dod allan o'r clwyfau, roedd fy nhraed yn slwtsian yn eu sanau!

Mi aeth Clive i fewn i'r car efo Foxy tua Dolgellau am iddo

anafu ei goes. Ces gwmni ffrind arall nes 'mlaen, sef Arwyn Williams o Fenllech, tad bedydd y plant. Roeddwn wedi trefnu i aros yn The Grapes, Maentwrog ar y nos Sadwrn. Dywedodd y boi oedd yno ar y pryd fod hynny'n amseru perffaith, gan eu bod wedi trefnu 'Tunisia Night' yn y dafarn i godi arian eu hunain. Tsunami roedd o'n feddwl wrth gwrs, ond 'Tunisia Night' gafodd ei alw! Nid bod 'Tsunami Night' yn enw da iawn ar gyfer achlysur fel'na chwaith! Roedd ocsiwn yno'r noson honno ac roedden nhw am i mi fod yn ocsiwnïar. Mi wnes i'r hyn roedd angen ei wneud a mynd i'r gwely, gan adael y lleill i fwynhau gweddill y noson.

Roedd y *stretch* hira ac anodda o'n blaenau'r bore canlynol, trwy Feddgelert at Gaernarfon, drwy Eryri. Bu'n rhaid i Arwyn fynd i'r car hefyd oherwydd anaf ond mi benderfynodd Foxy ymuno â fi a cherdded wrth fy ochr. Ffwrdd â fo â'i gynffon ar dân a finnau'n aros iddo sylweddoli nad oedd modd yn y byd y gallai gadw at y cyflymder yna! Erbyn hynny, roeddwn yn pryderu'n fawr ynglŷn â fy nhraed. Roedd meddwl am wynebu Eryri efo fy nhraed yn ddarnau yn codi ofn arna i. Mae'n anodd disgrifio'r hyn ddigwyddodd nesa. Ar y rhan honno o'r daith, mi deimlais ryw fath o bresenoldeb yn fy helpu. Dwn i ddim ai ysbrydoliaeth Eryri oedd o neu beth, ond mi gefais nerth anghyffredin o rywle. Mi gynyddais fy nghyflymdra. Roeddwn bron yn hedfan. Mi gerddais fel'na yr holl ffordd i Gaernarfon. Roedd yn deimlad rhyfedd, ond gwefreiddiol.

Unwaith i ni gyrraedd tre'r Cofis, dim ond y daith i Borthaethwy oedd yn weddill y diwrnod canlynol. Roedd cyrraedd y Borth yn brofiad grêt. Roedd croeso arbennig yn ein haros, gan gynnwys Mam a Dad. Mi wnes gyfweliad efo Gwyn Llewelyn yn y Vic yn andros o falch i mi allu orffen y daith o gwbl. Mi gollais ryw chwe, saith gewin ar fysedd fy nhraed. Roedd cyflwr dychrynllyd ar fy nhraed. Roeddwn wedi blino'n llwyr yn gorfforol ac yn emosiynol. Daeth y derbyniad swyddogol, y ffilmio, y croeso a'r dathlu i ben tua naw o'r gloch y noson honno. Roedd Foxy yn gorfod mynd â'r car 'nôl i lawr i'r de. Roedd Mam a Dad yno am reswm penodol. Roedden nhw'n mynd i fy ngyrru o'r Vic ym Mhorthaethwy y noson honno i Huddersfield i ffilmio ar set *Where the Heart Is* y bore canlynol! Roedd golygfeydd rygbi i'w ffilmio ar y dydd Mawrth ac roeddwn yn gobeithio i'r nefoedd na fyddai rhywun yn sathru ar fy nhraed efo'i *studs*!

12

Stori fawr i'w rhannu

RHAGOR O WAITH teledu ddaeth wedi i *Where the Heart Is* orffen. Mi wnes i ffilmio tair rhaglen drama-ddogfen o'r enw *God's Architects* i'r BBC. Dyma i chi enghraifft arbennig o dda o sut mae actor yn gallu elwa o'i waith. Roedd y gyfres yn dweud stori tri dyn a oedd wedi bod ynghlwm â rhyw gynllun pensaernïol uchelgeisiol, arwyddocaol neu wahanol am ba reswm bynnag. Un o'r rhai wnes i oedd am fywyd a gwaith William Walker, boi nad oeddwn erioed wedi clywed amdano cyn hynny. Roedd y stori'n ymwneud ag Eglwys Gadeiriol Winchester a oedd yn suddo i'r ddaear oherwydd llifogydd. Roedd Walker yn ddeifiwr a fu'n gweithio yn yr Alban am flynyddoedd, er ei fod yn dod o Lundain yn wreiddiol. Cafodd ei alw i Winchester i weithio ar gynllun uchelgeisiol i godi'r gadeirlan i fyny trwy ddefnyddio system gymhleth oedd yn plethu bagiau concrid i'w gilydd i ffurfio sylfeini. Ond er mwyn i'r cynllun weithio, roedd gofyn gweithio o dan y dŵr a oedd yn amgylchynu'r gadeirlan. Walker gafodd y gwaith hwnnw ac, yn ôl y stori, mi weithiodd o dan y dŵr ar sylfeini'r adeilad bob diwrnod am chwe blynedd nes i'r gwaith gael ei gwblhau! Anhygoel. Ac ar ddiwedd ei waith byddai'n seiclo adra i ddwyrain Llundain o Winchester ar benwythnos! Un enghraifft yw honna o'r straeon anhygoel am bobol anhysbys sydd allan yn y byd mawr 'na. Dyna un o'r pethau gorau am fod yn actor, cael y fraint o ddweud straeon mawrion.

Newid llwyr oedd chwarae rhan y darlithydd Mike Powell yn y gyfres Gymraeg boblogaidd, *Caerdydd*. Mi fues yn ffodus i fod mewn pump o gyfresi'r ddrama honno. Gweithiais ar bennod o *Holby City* yn y cyfnod hwnnw hefyd ac un bennod o *Tracy Beaker*. Ond, ar y cyfan, roedd y gwaith mawr, cyson, wedi dechrau prinhau. *Caerdydd* oedd y gwaith mwya. Daeth un cyfle arall efo Theatr Clwyd. Y tro hwn byddwn yn ymddangos yn *A Chorus of Disapproval* gan Alan Ayckbourn. Dyna fy ymdrech gynta ym myd comedi ac roeddwn yn chwarae'r brif ran hefyd. Mi aeth yn iawn, dw i'n meddwl!

Ond doedd o ddim cymaint o newid byd â'r clyweliad efo Peter Stein, y cyfarwddwr theatr ag enw drwy'r byd am ei waith. Roedd wedi gweithio efo sawl un o brif gwmnïau theatr y byd. Roedd yn paratoi cynhyrchiad o *Troilus and Cressida*. 'Nôl i fyd Shakespeare felly. Roedd yn gyd-gynhyrchiad rhwng yr Edinburgh International Festival a'r Royal Shakespeare Company. Rhan Ajax yr oeddwn i'n ceisio amdani. Mi es i weld Peter Stein a'i staff mewn gwesty yn Llundain. Roedd yn eistedd yn ei sedd mewn rhyw gôt fawr ddu. Does gen i ddim cof iddo ofyn i mi ddarllen unrhyw waith allan o unrhyw ddrama o gwbl. Eisteddodd yn y fan a fy holi ynglŷn â fi fy hun am beth amser. A dyna fo. Y diwrnod canlynol, mi ges gynnig y rhan! Felly, roeddwn wedi sicrhau rhan ym mhrif gynhyrchiad yr Edinburgh International Festival. Roedd yr ymarferion i fod i ddechrau allan yn yr Eidal, yn ei gartre fo ar fferm anferth yn Umbria. Ond roedd amod yn fy nghytundeb er mwyn i mi allu gweithio o gwmpas fy amserlen ar y gyfres *Caerdydd*. Ar ryw dri achlysur, dw i'n meddwl, bu'n rhaid i mi ddod oddi ar set *Caerdydd* a mynd yn syth i'r maes awyr er mwyn hedfan i Rufain. Oddi yno, trên i fyny i Umbria a dechrau ymarfer y ddrama. Roedd tua ugain ohonan ni yno i gyd yn y diwedd. Roedd gan bawb ei stafell efo lle ymolchi ein hunain hefyd. Roedden ni'n cael ein brecwast am saith a phawb o gwmpas y bwrdd allan ar y balconi. Roedd safon y bwyd yn anhygoel: yr wyau, y mêl, y bara, y cig ac ati, popeth yn ffres. Pasta i ginio wedyn a dim llawer o *carbs* gyda'r nos – cig baedd oedd wedi ei fagu ar ei dir o, cwningod ac ati. A digon o win wrth gwrs. Roedd y profiad bwyta a ffordd o fyw yn unigryw ac yn bleserus tu hwnt. Fel'na oedd hi, am fod yr ymarfer i gyd yn digwydd mewn adeilad anferth roedd o wedi ei adeiladu ar ei dir. Yn ystod y mis hwnnw, bu'n rhaid i mi fynd yn ôl am un diwrnod i ffilmio *Caerdydd*. Ond roedd yr holl brofiad gwaith hwnnw yn gam pellach ar fy siwrnai profiadau. Roedd gweithio efo Peter Stein fel gweithio efo artist go iawn. Roedd yn berffeithydd a oedd yn mynnu cael popeth yn hollol gywir. Roedd hynny'n gallu bod yn waith caled, ond roedd o'n werth pob ymdrech.

Daeth cyfres *Caerdydd* i ben ac roedd modd canolbwyntio fy holl sylw ar *Troilus and Cressida*. Wedi mis yn Umbria, draw â ni i gyd i ymarfer pellach yn Llundain yn stafelloedd ymarfer yr RSC. Yn y fan honno cawson ni ein hyfforddi ar sut i ymladd yn y golygfeydd hynny yn y ddrama. Fan'no hefyd oedd y profion colur. Roedd y Groegwyr yn y stori – a finnau yn eu plith – i fod yn wyn fel calch tra bod y Trojans wedi cael eu peintio yn frown euraidd, er iddyn nhw gael dechrau go dda yn yr Eidal! I'r Alban â ni wedyn. Mi ddaeth rhieni Kim, a Kim a'r plant i gyfarfod â fi yn un o'r gwasanaethau ar yr M1 ac mi aethon ni i fyny efo'n gilydd i'r Alban. Roeddwn i wedi trefnu fflat i ni i gyd yn yr Alban yn ystod y mis mae'r Ŵyl yn para. Roedd yn fis bendigedig i fod yng Nghaeredin ac roedd yn golygu hefyd nad oeddwn yn gorfod mynd am fis heb weld y teulu. Felly, wedi bron i wyth wythnos o ymarfer, roedd pythefnos o berfformio'r ddrama ar fin dechrau yn y King's Theatre, Caeredin a deg perfformiad yn Stratford i ddilyn. Mae hynny'n dipyn o gyfnod i fod ynghlwm ag un cynhyrchiad. Yn sicr, nid dyna'r drefn arferol ym myd y theatr ym Mhrydain. Dyna'r ffordd Ewropeaidd o fynd ati. Mae mwy o arian mewn theatr Ewropeaidd gan fod mwy yn cael ei fuddsoddi ynddo.

Ar noson agoriadol y ddrama roedd llond lle o foneddigion a boneddigesau yn eu lle, ynghyd â'r wasg o bedwar ban, ond mi aeth yn rhywfaint o draed moch. Ar ddechrau'r ail hanner, roedd darn o'r llwyfan i fod i godi ar gyfer yr ymladd. Ond doedd y peirianwaith ddim yn gweithio. Gan ei fod yn gymaint o berffeithydd, doedd hynny ddim yn ddigon da i Peter Stein. Nid oedd am gario 'mlaen â'r llwyfan fel ag yr oedd. Rhoddodd orchymyn y dylid ceisio cael y peth i weithio. Ymestynnwyd yr egwyl er mwyn i'r gwaith yma gael ei wneud. Wedi rhyw awr a hanner o egwyl – ia, mor hir â hynny! – daeth y neges nad oedd yn bosib gwneud unrhyw beth o gwbl i'r llwyfan. Felly fuodd 'na ddim ail hanner. Ond doedd dim byd wedi rhoi stop ar y parti! Mi wisgais fy nghilt Cymreig, wrth reswm, a chrys rygbi Cymru i fynd efo fo. Roedd yn noson dda.

Cafodd y llwyfan ei thrwsio erbyn y noson ganlynol ac mi gafwyd noson dda iawn yn y theatr. Roedd yr ymateb yn ffafriol iawn. Roeddwn wedi dewis chwarae Ajax fel petai ychydig yn drwm ei glyw. Roeddwn yn gwybod bod bocswyr yn gallu diodda yn yr un ffordd, a bod rhywfaint yn *punch drunk* hefyd, felly roeddwn am ddod â hynny i gymeriad milwr o Wlad Groeg. Diolch byth, roedd Peter Stein yn hoffi hynny hefyd.

Roeddwn yn ddigon ffodus i fod allan yng nghartre Peter Stein dros gyfnod Cwpan Pêl-droed y Byd. Roedd un Cymro arall efo fi yn y ddrama, sef Ian Hughes ac roedd nifer o Albanwyr hefyd. Roedd gweddill y criw o Loegr. Pleser pur oedd cefnogi Portiwgal yn erbyn Lloegr yn y gystadleuaeth honno, yn enwedig pan wnaeth Portiwgal ennill! Yr unig dro i mi fod mewn sefyllfa debyg ond cael gwell hwyl oedd wrth gyrraedd 'nôl i set *Where the Heart Is* wedi i Gavin Henson gicio'r gic gosb i ennill y gêm agoriadol a rhoi Cymru ar y ffordd i'r Gamp Lawn yn 2005. Profiad anhygoel arall tebyg oedd cael bod yn yr Eidal pan wnaeth tîm yr Eidal ennill Cwpan y Byd yn 2006. Dyna oedd profi dathlu go iawn!

Roedd y teulu wrth eu boddau yng Nghaeredin. Roedd y fflat reit ynghanol y ddinas a dim ond agor y drws ffrynt oedd angen ei wneud er mwyn cyrraedd yr Ŵyl. Roedd parc anferth Princes Street yn nefoedd i Ieuan a Mared ac roedd Siôn yn cael mynd am dro i bob man yn y *buggy* efo Kim. Roedd gan bob un ohonan ni'n hatgofion penodol, arbennig o'n cyfnod yng Nghaeredin.

'Nôl â ni o'r Alban, felly, ac i Sir Fôn at Mam a Dad. Ar gyfer fy rhan yn y ddrama, roeddwn wedi gorfod tyfu locsyn go fawr a hefyd wedi gorfod siafio fy mhen yn foel. Roedd tipyn o olwg arna i, mae'n siŵr, pan es am beint neu ddau yn rhai o'r hen fannau poblogaidd ar yr ynys. Adra o fan'no aeth gweddill y teulu, a finnau yn mynd draw i Stratford ar gyfer cyfnod arall efo cynhyrchiad Peter Stein. Dyna lle roedd nifer o bobol amlwg byd y theatr yn mynd i weld y ddrama, pobol fath â Damian Lewis, Charles Dance a Helen McRory. Dyna hefyd lle daeth Arwyn, fy ffrind o Fenllech, i weld y ddrama a chael noson go dda wedyn!

Dyna lle cafwyd rhyw bwl arall o emosiwn a phwdu gan un o fyd y theatr. Doedd Peter Stein ddim yn hapus o gwbl â'r ffordd roedd y criw newydd yn Stratford yn rhoi pethau at ei gilydd ar gyfer y ddrama. Doedd pethau ddim fel roedd o am iddyn nhw fod. Ei ymateb syml oedd wfftio'r holl beth, gadael y theatr a mynd 'nôl i'r Eidal! Gadawodd ei gynhyrchiad y diwrnod cyn i ni agor, ond mi aethon ni yn ein blaenau beth bynnag. Erbyn hynny, roedden ni'n nabod y sioe yn dda iawn ac yn gallu bwrw ati hebddo. Teimlad rhyfedd oedd dod â'r cyfan i ben, ffordd wahanol o weithio, cyfarwyddwr o safon uwch nag arfer a bod mewn drama mor uchel ei phroffeil ym myd y theatr. Un peth oedd ei angen wedi hynny a dweud y gwir – gwyliau. 'Nôl â ni fel teulu i'r Iwerddon felly!

Doedd dim modd dianc rhag y ffôn symudol ar ein gwyliau yn Iwerddon y tro hwnnw chwaith. Ond doedd dim cymaint o wahaniaeth gen i, gan i mi dderbyn y neges tra oeddwn ar yr Ynys Werdd fy mod wedi cael rhan mewn drama deledu o'r enw *Jekyll* efo'r Gwyddel James Nesbitt. Roedd yn fersiwn newydd o *Jekyll and Hyde*. Dyna'r gwaith a fyddai'n aros amdana i wedi cyrraedd 'nôl o'r gwyliau, felly, a draw â fi i ardal Hungerford ar gyfer y ffilmio. Cynhyrchydd y gyfres newydd oedd Beryl Vertue sydd ynghlwm â chyfresi *Doctor Who* a *Sherlock* heddiw.

Mi benderfynon ni symud yn y cyfnod yna hefyd. Gwerthwyd y tŷ yn Llanarthne ac fel sy'n digwydd ambell waith, roedd y tŷ wedi ei werthu cyn i ni ddod o hyd i rywle newydd ein hunain. Penderfynwyd rhentu, felly, yn hytrach na cholli'r cyfle i werthu'n tŷ ni ac mi gafon ni dŷ ar Heol y Garreg Las yn Llandeilo. Roedd yn lle bach iawn a dweud y gwir ac mi gafodd y rhan fwya o'n heiddo ei storio yn Rhydaman. Cafwyd hyd i dŷ mwy i'w rentu yn Nantgaredig wedi i mi orffen efo *Jekyll*.

Wedi Nadolig hyfryd yn ein cartra newydd yn Station Road, Nantgaredig, roedd gwaith ar fy nghyfer ar ffilm o'r enw *The Bank Job*. Tua'r un adeg, roedd cyfres arall o *Caerdydd* ar fin cychwyn. Roedd Roger Donaldson, cyfarwyddwr *The Bank Job* wedi gweithio ar ffilmiau digon adnabyddus, fel *Cocktail* hefo Tom Cruise ac efo actorion o fri fath â Pacino yn *The Recruit*. Ond roedd y cwmni cynhyrchu yn gywilyddus, yn enwedig y cytundeb roedden nhw'n ei gynnig. Roedden nhw'n disgwyl i ni gadw cyfnod cyfan o ryw dair wythnos yn rhydd iddyn nhw, ond fydden nhw ond yn ein talu ni am y diwrnodau roedden nhw'n ein galw i weithio. Pan oedd *Caerdydd* yn gofyn i mi weithio iddyn nhw, felly, doeddwn i ddim yn gallu cytuno er gwaetha'r ffaith nad oedd gen i sicrwydd o waith ar *The Bank Job* chwaith. Roeddwn yn gandryll efo Equity am ganiatáu'r fath gytundeb. Ond roedd y cast yn hyfryd ac roedd yn gam arall ar y llwybr actio. Profodd yn ffilm ddigon llwyddiannus yn y diwedd. Wnes i ddim mwynhau gweithio arni gymaint â hynny a dweud y gwir. Ond roedd yn gyfrwng newydd i mi, a ffilm ar y rhestr efo theatr a theledu rŵan a finnau wedi cael cyfle i weithio efo un o gyfarwddwyr Hollywood.

Diolch byth i mi lwyddo i gadw fy ngwaith ar gyfres *Caerdydd* wedi dyddiau *The Bank Job*. Ond drama lwyfan fawr oedd nesa ac, ia, 'nôl yn Theatr Clwyd. Roedd Terry am lwyfannu *The Cherry Orchard* gan Chekhov. Coblyn o ran i mi unwaith eto a chyfle i gael gafael ar stori a chymeriad go iawn. O'm safbwynt i, mae'r cynhyrchiad hwnnw ar yr un lefel â *The Crucible* o ran y boddhad o weithio ar gymeriad a'r perfformiadau wedyn. Mae'n amlwg i'r cynhyrchiad a'm perfformiad blesio hefyd gan fod adolygiadau ffafriol iawn mewn papurau fath â'r *Times* a'r *Independent*.

Roeddwn 'nôl yng Nghlwyd felly, ddeng mlynedd union ers i Ieuan gael ei eni, a deng mlynedd ers i Terry gymryd awenau Theatr Clwyd. Er mwyn dathlu'r ail ben-blwydd, roedd 'na noson fawr yn y theatr i ddathlu llwyddiant Terry. Roedd nifer fawr o wahoddedigion o bob math wedi cael gwahoddiad ac roedd pawb yn edrych ymlaen yn fawr at y noson. Roedd hyn i ddigwydd ar y nos Wener. Yn syth ar ôl i mi ddod oddi ar y llwyfan ar y nos Fercher, mi ges alwad ffôn gan Robert Williams, ffrind o Nantgaredig, i ddweud wrtha i fod Grav wedi marw. Does dim angen dweud faint o sioc oedd hynny. Roedd yn sioc i bawb. Yn sicr mi effeithiodd arna i yn fawr iawn. Roeddwn wedi bod efo fo ar y Strade lai na mis ynghynt. Roedd yn gymeriad aruthrol ac roedd ei golli yn ergyd enfawr. Roedd parhau i berfformio yn dipyn mwy anodd, hyd yn oed ar noson fawr y gwahoddedigion. Mi gollais fy ffordd yn ystod un araith a stryglo i ddod 'nôl lle roeddwn i fod. Roeddwn wedi rhoi llun Grav ar y drych yn fy stafell wisgo. Yn yr egwyl, mi es at y llun ac edrych arno am ychydig ac mi roddodd hynny nerth ychwanegol i mi ar gyfer yr ail hanner. Mi es drwy'r ail hanner yn iawn, wedi fy ysbrydoli gan Grav. Roedd ffrindiau wedi dod draw i weld y ddrama'r noson honno ac roedden nhw'n aros efo fi yn fy mwthyn. Mi godwyd sawl gwydryn i Grav y noson honno.

Roedd y cynhyrchiad wedi gorffen erbyn angladd Grav ac roeddwn i'n gallu mynd iddo. Mi brynais dei coch y bore hwnnw er mwyn ei wisgo i'r angladd. Roedd fel angladd i arweinydd gwleidyddol o ran ei statws a'i urddas ond yn un cwbl gynnes a Chymreig o ran ei naws. Fyddwn ni byth yn gweld unrhyw beth tebyg i hynny yng Nghymru eto – wela i ddim, yn sicr, na'm plant chwaith. Bydd ysbryd y diwrnod hwnnw yn aros efo fi am byth. Fel y bydd ysbryd Grav ei hun.

13

'Clint ate my tuna'

PETH BRAF YW cael yr un alwad ffôn yna sy'n newid popeth!
Tydy o ddim yn digwydd yn aml. Roeddwn i wedi cael galwad
ffôn ddigon dymunol cyn yr un fawr honno. Daeth cyfle i
weithio ar gyfres boblogaidd *The Bill*. Doeddwn i erioed wedi
cael cyfle cyn hynny, er ei bod yn gyfres a oedd ar y sgrin
sawl gwaith yr wythnos a bron pob actor ym Mhrydain wedi
ymddangos arni rywbryd neu'i gilydd. Cefais ran mewn stori
dros ddwy bennod, a hynny fel hyfforddwr bocsio. Mi ddaeth
y cyfle hwn wedi i mi glywed na fyddai'r ddrama *Caerdydd* fy
isio ar gyfer cyfres arall. Ar y pryd, felly, doedd dim gwaith o
gwbl gen i a bu'n rhaid i Kim a fi dynnu'n ôl o brynu tŷ newydd
yn Nantgaredig. Wedyn mi ddaeth *The Bill* ac, ar ben hynny,
newidiodd cynhyrchwyr *Caerdydd* eu meddwl a daeth cyfle i
ffilmio sawl pennod yn y gyfres newydd. Fel'na mae hi!

Beth bynnag, tra'n ffilmio ar gyfer *The Bill* yn ardal
Wimbledon, Llundain, mi ddaeth yr alwad fawr honno.
'Julian, mae gen ti glyweliad wythnos nesa,' meddai fy asiant.
'Iawn,' medda fi, 'ar gyfer beth?' '*Invictus*! Ffilm newydd Clint
Eastwood!' Ocê, doeddwn i ddim yn disgwyl hynny. Yn sicr,
doeddwn i erioed wedi clywed geiriau tebyg i hynny ar ben
arall y ffôn. Mi aeth yn ei flaen i ddweud bod Clint Eastwood
yn gwneud ffilm ynglŷn â Nelson Mandela ac mai Morgan
Freeman oedd yn chwarae ei ran o. Roedd hynny yn beth
anhygoel i'w glywed ac, ar ben hynny, roedd hi'n stori am fyd
rygbi ac wedi ei lleoli yn ystod Cwpan Rygbi'r Byd 1995 yn Ne'r
Affrig. Roedd hwnnw'n Gwpan y Byd hanesyddol iawn. Nid

am mai dyna'r tro cynta erioed i bob gêm yn y gystadleuaeth gael ei chwarae mewn un wlad, ond am reswm dipyn mwy pwysig na hynny, sef presenoldeb Nelson Mandela. Roedd o yno yn ddyn rhydd, wedi ei ryddhau o'i gaethiwed ac mae'r llun ohono ar y cae yn Ellis Park, Johannesburg, yn cyflwyno Cwpan y Byd i gapten De'r Affrig yn ddelwedd eiconig yn fydeang. Rŵan, roedd un o arwyr Hollywood, Clint Eastwood, am wneud ffilm o'r holl beth ac roeddwn i, mab ffarm Storws Wen, wedi cael galwad i fod yn rhan ohoni! Roedd yn rhaid ffrwyno'r cyffro yna er mwyn cario 'mlaen i ffilmio *The Bill*. Roedd yn rhaid parhau i'w ffrwyno wrth baratoi ar gyfer y clyweliad neu fyddai 'na ddim cyfle yn dod i fod yn y ffilm o gwbl.

Roeddwn i'n trio am ran Etienne Feyder, pennaeth tîm gwarchodwyr Nelson Mandela. Mi ffoniais o gwmpas i chwilio am hyfforddwr llais i ddysgu acen De'r Affrig i mi'n iawn. Doedd neb ar gael. Ond rai dyddiau wedyn, mi ddaeth un 'nôl ata i, dynas o'r enw Penny Dyer. Hi wnaeth hyfforddi Helen Mirren ar gyfer ei rhan fel y Frenhines. Dywedodd ei bod ar gael am hanner dydd y Llun canlynol. Roedd y clyweliad ar y dydd Mawrth. Roedd yn rhaid i mi dderbyn y trefniant hwnnw. 'Where are you?' medda fi. 'I'm in Wimbledon,' oedd yr ateb. Perffaith. Dyna lle roeddwn i'n ffilmio *The Bill*. Ac fel roedd hi'n digwydd, roeddwn yn ffilmio tan 11 ac yna'n rhydd tan 2. Perffaith eto. Roeddwn hyd yn oed yn gallu cerdded at dŷ Penny. Mi aethon ni drwy'r sgript efo'n gilydd ac roedd hi'n wych. Gyda'r nos wedyn, rhagor o ymarfer, gwylio eitemau amrywiol ar YouTube, darllen y sgript yn uchel o flaen Tony, y ffrind roeddwn yn aros efo fo, ac yna gwylio'r ffilm *Blood Diamond* efo Leonardo DiCaprio am fod DiCaprio wedi gorfod dysgu acen De'r Affrig ar gyfer y ffilm.

Draw â fi i Twickenham ar y bore Mawrth wedyn, i'r stiwdio ffilm lle roedd y cyfarwddwr castio yn disgwyl amdana i. Penderfynais y dylai fy nghymeriad edrych yn weddol smart ond na fyddai'n gwisgo siwt. Felly, mi wisgais sgidiau cowboi, *jeans*, siaced ledr frown, crys glas golau a thei. Roedd yn dei arbennig iawn – tei clwb rygbi'r Scarlets! Roeddwn wedi eillio fy ngwallt mor fyr ag oedd yn bosib. Roedd gen i *headphones* am fy nghlustiau ac wrth agosáu at Twickenham, roedd 'Nkosi Sikelel' iAfrika', anthem y wlad sydd â chymaint o egni ac emosiwn y frwydr yn erbyn apartheid yn perthyn i bob nodyn, yn chwarae dro ar ôl tro. Erbyn cyrraedd drws y stiwdio, roeddwn yn credu fy mod yn un o frodorion De'r Affrig fy hun.

Mi wnes i berfformio'r tair golygfa roeddwn wedi eu cael i'w paratoi. Mi aeth yn iawn. Wedyn roedd gofyn sefyll o flaen y cyfarwyddwr castio ac ateb cwestiynau ynglŷn â fi fy hun; fy nhaldra, fy mhwysau, fy niddordebau ac ati. Mi wnes i ateb pob un o'r cwestiynau yna yn acen De'r Affrig. Doedd gen i ddim byd i'w golli wrth wneud hynny. Reit ar y diwedd, mi wnaeth hi holi am y tei roeddwn yn ei wisgo. Mi es yn fy mlaen i ddweud stori Grav wrthi. Dywedais y byddai o wedi bod yn ddyn balch iawn petawn i'n llwyddo i gael y rhan hon yn y ffilm a bod rygbi yn grefydd yn yr ardal lle roeddwn i'n byw. Mi ges wrandawiad digon gwresog ganddi. Ond mi ddywedodd ar y diwedd na ddylwn i ddisgwyl clywed unrhyw beth am amser hir, gan fod ganddyn nhw actorion i'w clyweld mewn sawl gwlad arall drwy'r byd. Ffwrdd â fi, felly, wedi mwynhau'r profiad newydd yma yn fawr iawn. Roeddwn yn dawel fy meddwl na fyddwn i wedi gallu gwneud yn well yn y clyweliad. Roedd yn rhaid gadael iddo fynd rŵan ac aros i bobol eraill wneud eu penderfyniad. Ac roedd angen mynd 'nôl i set *The Bill* ar gyfer prynhawn o ffilmio.

Gan i ni fethu â phrynu tŷ cyn y gwaith ar *The Bill* a *Caerdydd*, roedd angen chwilio am le mwy i ni fyw. Rhentu unwaith eto oedd yr opsiwn gorau ar y pryd a dyna wnaethon ni. Mi gawson ni dŷ arall yn Nantgaredig ar 14 Rhagfyr, 2008. Misoedd tawel oedd Rhagfyr a Ionawr a'r rhan fwya o Chwefror, ambell ddiwrnod yn ffilmio fan hyn a fan draw ond dim byd mawr. A gwaeth byth, doedd dim byd yn y dyddiadur am weddill y flwyddyn o gwbl.

Mi aeth Kim a fi am goffi i M&S Caerfyrddin un prynhawn ac mi ganodd y ffôn. Fy asiant. 'Clint Eastwood likes you,' medda hi, 'and you're on the short list.' Geiriau rhyfedd eto: 'Clint Eastwood likes you'! Roedd Kim wedi gwirioni. 'My God,' meddai dro ar ôl tro, 'Clint Eastwood is talking about you!' Roedd hynny'n braf am wn i. Ond doeddwn i ddim wedi cael y gwaith eto. Roedd y penderfyniad hwnnw i'w wneud yr wythnos ganlynol. Y dydd Llun canlynol a bod yn fanwl gywir. Roedd Cymru'n chwarae yn erbyn yr Alban y penwythnos cyn y dydd Llun, ym Mhencampwriaeth y Chwe Gwlad. Diolch byth am hynny. O leia roedd modd mynd i dafarn y Railway yn Nantgaredig ac ymgolli yn y rygbi a chael cwpwl o beints. Roedd yn help mawr bod Cymru wedi ennill. Mi ddyfalais i'r sgôr yn iawn ac ennill y *sweepstakes* hefyd. Dechrau da!

Efo pen mawr, mi ddeffroais ar y bore Llun. I ffwrdd â'r plant i'r ysgol ac mi aeth Kim a fi i Landeilo i'r siop ffrwythau a llysiau. Oherwydd prinder arian, roedden ni'n prynu sacheidiau o lysiau ac yn cynllunio prydau bwyd yn ofalus o ddydd i ddydd. Kim oedd yn gyrru. Wrth fynd trwy Pontargothi ar y ffordd yno, mi ganodd y ffôn. Yr asiant. Roedd y neges yn syml, 'He's picked you!' Roedd Kim bron â gyrru'r car i fewn i'r berth ac roeddwn i wedi cyffroi'n lân wrth gwrs. A'r car wedi ei barcio'n saff wrth ochr y ffordd, mi ddaeth rhagor o fanylion. Roeddwn i fod i hedfan i Dde'r Affrig ymhen pythefnos. Wedi peth amser i ystyried yr hyn oedd newydd ddigwydd, i mewn â Kim a fi i brynu sacheidiau o foron a thatws. Ond mae'n siŵr i ni brynu potelaid o siampên i fynd efo'r cawl y tro hwn!

Dros y dyddiau nesa roedd manylion pellach yn cyrraedd yn gyson, wedi eu hanfon gan Warner Brothers y tro hwn. Byddwn yn hedfan yn y dosbarth cynta i Cape Town ac yn aros mewn gwesty pum seren. Roedd disgwyl i mi aros yno tan ddiwedd y ffilmio, sef tri mis. Roedd hynny'n grêt. Ond roedd gofyn paratoi ar gyfer sefyllfa o'r fath o safbwynt y teulu. Dyna'r cyfnod hira i mi fod i ffwrdd erioed. Fyddai hynny ddim yn hawdd, er gwaetha atyniadau'r pen arall.

Mi es ati i baratoi mor ofalus ag y gallwn. Mi es i'r *gym* yn gyson, mi astudiais sut roedd Clint Eastwood yn gweithio, beth oedd o'n ei hoffi ac yn ei gasáu. Mi es drwy bopeth. Dysgais ei fod yn hoffi derbyn y *take* cynta o bob golygfa a doedd o ddim yn hoff iawn o ail-wneud golygfeydd. Roedd hynny'n cadw pethau'n fwy ffres yn ei olwg o. Er mwyn i hynny ddigwydd, roeddwn yn gwybod y byddai angen bod yn gwbl barod wrth gamu ar set pob golygfa.

Daeth diwrnod y gadael a ffwrdd â fi i Heathrow. Wedi cyrraedd yno, i mewn â fi i lolfa'r teithwyr dosbarth cynta, profiad cwbl newydd i mi a'm siwtces newydd sbon o TK Maxx Caerfyrddin! Wrth y bar, roedd Americanwr cyfoethog iawn yn gofyn am Manhattan, *on the rocks*. 'Mae hwnna'n swnio'n ocê,' medda fi wrthyf fy hun, 'dw i erioed wedi cael un o'r rheina o'r blaen'. Pan ddaeth fy nhro i, mi ofynnais innau am Manhattan hefyd, gan ychwanegu 'on the rocks' yn ddigon cŵl ar ei ôl! Doedd dim prinder brechdanau samwn mwg a rhyw snacs eraill digon tebyg. A minnau yn fy sedd cyn i'r awyren adael Heathrow, mi ges gynnig siampên gan y ddynes yn ei hiwnifform smart. Rai munudau wedi hynny mi ddaeth 'nôl ata i, 'Dach chi'n siarad Cymraeg?' gofynnodd. Roedd yn dod o Bwllheli. Ia, Alice o Bwllheli oedd yr un fyddai'n edrych ar fy ôl yr holl ffordd i Cape Town ac mi roedd hi'n gallu gwneud hynny yn Gymraeg!

Yn y sedd drws nesa i mi, roedd un arall a oedd yn actio yn y ffilm. Roedd gan Adjoa Andoh ran dda iawn, sef rhan Brenda Mazibuko, Pennaeth Staff Mandela. Roedd yn braf cael sgwrsio am y ffilm efo hi ar daith mor hir a rhannu ei hanes fel actores deledu brofiadol. Fel mae'n digwydd, ni oedd yr unig ddau yn y ffilm a oedd yn dod o Brydain. Roedd y rhan fwya o'r cast yn dod o Dde'r Affrig, ac roedd yna ddau o sêr mawr hefyd wrth gwrs: Matt Damon a Morgan Freeman.

Roedd hen ddigon i'w wneud ar ôl glanio. Cawsom ein cludo i westy gorau Cape Town. Roedd fy stafell yn fendigedig ac roedd ganddi falconi mawr yn edrych dros y môr yng nghysgod Table Mountain. Wedyn, roedd gofyn mynd am brawf meddygol ar gyfer anghenion yswiriant ac yna mynd i gael fy mesur ar gyfer y dillad y byddwn yn eu gwisgo i chwarae fy nghymeriad. Mae Clint Eastwood yn defnyddio'r un criw ar gyfer pob un

Fi, Arwyn ac Eifion yn mwynhau sbri yn Nulyn ar ôl curo'r Gwyddelod ar Ebrill y cyntaf, 2000!

Gwyn Vaughan a fi yn *Of Mice and Men*, 1999.

Ymweliad cynta Ieuan â Stadiwm y Mileniwm, ffeinal y timau ysgolion, 2000.

Geni Mared yn Ysbyty Gwynedd, 2000.

Mared yn cyrraedd adre am y tro cynta a Ieuan yn gofalu amdani, 2000.

Llun o Siôn Padrig yn nhŷ Nanny a Pappy Bryste am y tro cynta – Medi 2003.

Fi a Ryland Teifi yn cael peinten fach i esmwytho'r boen o golli i Loegr yng Nghaerdydd ym mis Chwefror 2001!

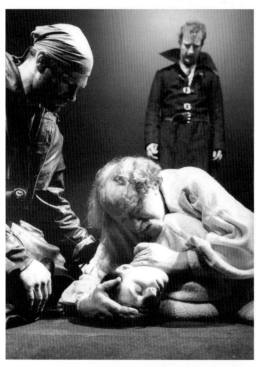

Fi, Siwan Morris, Nicol Williamson a Steffan Rhodri, *King Lear*, Theatr Clwyd, 2001.

Noson y Wasg, *King Lear*: Steffan Rhodri, fi a Nicol Williamson, 2001.

Rape of the Fair Country – chwarae 'Big Rhys' yn 1997.

'Big Rhys' tu cefn y llwyfan yn ystod un o berfformiadau *Y Drioleg*, 2000.

Chwarae 'John Proctor', y brif ran yn *The Crucible*, Theatr Clwyd, 2003.

Llun: Ivan Kyncl / Arena PAL

Cymry balch Dydd Gŵyl Dewi yn Llanarthne, 2004.

Seibiant bach ar ôl perfformio *Hamlet* yn y Gymraeg a'r Saesneg. Dod â swper i'r plant, Chwefror 2005!

Grav, fi a'r plant ar ddechrau'r daith gerdded i godi arian i drychineb y Tsunami, Parc y Strade, Ionawr 2005.

Peidiwch â sathru ar fy nhraed! *Where The Heart Is*, 2005.

The Bank Job efo Andrew Brooke, 2007.

Siôn yn Fferm Folly, 2006.

'Mike Powell' yn y gyfres *Caerdydd*, S4C, 2007.
Llun: Warren Orchard

Chwarae rhan
Yermolay Lopakhin
yn *The Cherry Orchard*,
Theatr Clwyd, 2007

Fel y cymeriad 'Drong' yn
y ffilm *Omlet* ar S4C, 2008.
Llun: Dewi Glyn Jones
(www.dewijones.co.uk)

Ffilmio DVD pysgota efo
Steve Meo, 2008.

Y teulu i gyd yn pysgota yn Sir Benfro, 2008.

Ymlacio ar set *The Eagle* yn Budapest, 2009.

Scarlet yn Santa Monica, 2009.

Fy *skydive* cynta, dylanwad Clive Thomas, Aberaeron, 2009.

Wedi bod yn plymio mewn cawell er mwyn chwilio am siarcod mawr gwyn, De'r Affrig, 2009.

Matt Damon a fi, Stadiwm Ellis Park, De'r Affrig, 2009.

Fi, Clint Eastwood ac Adjoa Andoh ar set *Invictus*, 2009.
Llun: Gesine Thomson

Tiwna Clint Eastwood, 2009!

Syrffio ceir yn LA, 2009!
Llun: Gesine Thomson

Clive Thomas, Aberaeron a fi yn Dartmouth, 2009.

Andrew Allsop a finnau ar y môr efo'r cynta o sawl pysgodyn a ddaliwyd y diwrnod hwnnw, 2010.

Mwynhau *premiere Invictus* efo'r teulu, Leicester Square, Llundain, 2010.

'Sgota ar Ynysoedd Shetland efo Rhys Llywelyn, 2011.

Y plant yn croesawu Dad adre ar ôl i fi fod yn ffilmio *The Eagle* yn Budapest am fis.

Fi'n derbyn gradd anrhydedd ym Mhrifysgol Bangor, 2011.

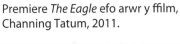
Premiere *The Eagle* efo arwr y ffilm, Channing Tatum, 2011.

Fi a Rhys Llywelyn yn mwynhau noson BAFTA Cymru ar ôl i ail gyfres *'Sgota* gael ei henwebu am wobr, 2012.

Ffilmio *Life of Crime* efo Hayley Atwell, Dulyn, 2012.

Siarc cynta prop y Scarlets, Phil John, 2012!

Scott Quinnell, Ruth Jones a fi ar set *Stella*, 2012.

Un o fy hoff luniau pysgota: disgwyl am frathiad ar y Môr Celtaidd, 2012.
Llun: Mark Lowen

Dysgu pobol i bysgota ar dir sych(!) yn y CLA Game Fair ar ran S4C, 2012.

Fy nheulu sgrin am bedair blynedd ar y gyfres *Where The Heart Is* ar ITV yn ffilmio ar leoliad yn Huddersfield, 2012. Yn y cefn: fi a Danny Seward. Yn y blaen: Katie Riddoch a Jean Alexander (yr enwog Hilda Ogden!) a oedd yn chwarae rhan fy mam.

Kim, Siôn, Colin (Pappy), Ieuan, Sue (Nanny) a Mared ar ein gwyliau yn fy 'ail gartre' yn Co. Mayo, Iwerddon, Awst 2013.

Great white, Ynys Achill, efo un o'm hen ffrindiau, Mary Gavin Hughes, Ieuan a Siôn, 2013.

Ar ben Sky Tower yn edrych i lawr ar harbwr enwog Sydney.

Dal macrell Sbaen mawr tra oeddwn yn ffilmio *Julian Lewis Jones yn Awstralia*, 2013.

Criw ffilmio cyfres *Julian Lewis Jones yn Awstralia* ar y ffordd i'r Great Barrier Reef.

Achub *wallaby* rhag boddi yn Darwin.

Agoriad arddangosfa ffotograffiaeth fy ffrind Gesine Thomson (canol) efo Zoe Saldana, Mayfair, 2013.

Tom Hollander, fi a David Mitchell yn ffilmio *Ambassadors* yn Nhwrci, 2013.

Cario baton Gêmau'r Gymanwlad 2014 yn Nhalacharn.

o'i ffilmiau. O ganlyniad, mae pawb yn gyfarwydd iawn â'i gilydd ac maen nhw fel un teulu mawr. Roedd hynny'n creu teimlad braf ar y set ac ar leoliad, peth anarferol yn y math yna o fyd. Wedi teithio a threfniadaeth y diwrnod cynta, roedd y penwythnos yn rhydd ganddon ni cyn i'r ffilmio ddechrau ar y dydd Llun.

Roedd digon o gyfle, felly, i fynd i dafarn gerllaw'r gwesty ar y nos Wener er mwyn gweld Cymru yn chwarae yn erbyn Ffrainc ym Mhencampwriaeth y Chwe Gwlad. Mi ddaeth Adjoa efo fi am fod ganddi ddiddordeb yn y gêm. Ei hewythr oedd Andy Ripley, un o sêr rygbi Lloegr yn y saithdegau a chwaraewr oedd yn rhan o daith fuddugoliaethus y Llewod i Dde'r Affrig yn 1974. Ond cyn hynny, roedd Clint wedi trefnu *braai* ar gyfer pawb, hynny yw, gair pobol De'r Affrig am farbeciw. Roedd am i bawb gyfarfod â'i gilydd cyn dechrau ffilmio. Felly, wrth fwyta'r *kebabs* a'r stêcs a phob dim arall oedd yno, mi ges gyfle i gyfarfod Clint Eastwood, Matt Damon a Morgan Freeman. Tipyn o farbeciw!

Mi ddaeth bore Llun ac roedd hi'n amser dechrau ffilmio. Yn yr olygfa gynta, roedd disgwyl i mi yrru car. Mi allwn i fod wedi cael gwell dechrau, ond o leia doedd o ddim cweit mor wael â diwrnod cynta *Where the Heart Is*! Prif olygfa'r diwrnod oedd y rhan yn dangos Nelson Mandela yn ceisio darbwyllo'i bobol nad oedd angen dileu'r enw Springbok a rhoi enw newydd yn ei le. Cred nifer oedd bod yr enw Springbok yn gysylltiedig â thimoedd pob camp yn Ne'r Affrig ac yn arwydd o'r cyfnod apartheid a'r gormes a fu. Ond doedd Mandela ddim am newid yr enw. Cyfraniad cynta Morgan Freeman fel Nelson Mandela, felly, oedd yr araith fawr hon yn dadlau pam nad oedd am newid. Roedd tipyn o bwysau arno i wneud golygfa fel hon ar y diwrnod cynta. Roedd yn anhygoel ei weld wrth ei waith.

Wedi rhai dyddiau, roeddwn yn dechrau setlo i batrwm bywyd allan yn Ne'r Affrig. Mi wnes ddod o hyd i siopau offer pysgota a dod i nabod rhai o'r hogia oedd yn gwybod lle roedd y mannau pysgota gorau. Mi gerddais drwy'r ddinas er mwyn dod i'w nabod. Roedd digon o bobol yn dweud wrtha i am beidio â cherdded o gwbl, am nad yw'n rhy saff mewn mannau yn y ddinas honno. Ond roeddwn yn ffyddiog y byddwn yn ocê a ffwrdd â fi ar droed gymaint â phosib. Cyn hir, roeddwn yn cerdded ar hyd y brif ffordd efo fy nillad brwnt. Roedd y gwasanaeth golchi dillad yn y gwesty yn gythreulig o ddrud ac roeddwn yn defnyddio *launderette* i lawr y lôn ac yn cerdded 'nôl a blaen efo'r *laundry*. Ond o leia roedd *gym* y gwesty yn rhad ac am ddim i ni!

Un dydd, mi es o lefel y môr, yn syth i fyny Long Street a'r strydoedd eraill sy'n arwain ohoni ac anelu at Table Mountain. Ar y ffordd yno, mi welais siop lyfrau. I mewn â fi a sylwi yn syth ei bod yn siop dda iawn. Roeddwn am ddod o hyd i lyfrau a fyddai yn fy helpu fi i ddeall mwy am Dde'r Affrig mewn gwirionedd ac, yn benodol, am y cyfnod apartheid a'r tensiwn a fu. Ond hefyd, sylwais ar adran llyfrau rygbi go dda. Yn eu plith, roedd llyfr ar daith y Llewod i Dde'r Affrig 1980 pan oedd Bill Beaumont yn gapten ar y tîm. Roedd Grav ar y daith honno ac roedd llwyth o luniau ohono yn y llyfr. Roedd yn grêt ei weld. Wrth fynd i dalu am y llyfrau am Dde'r Affrig, gofynnodd y boi oedd yn berchen y siop beth oedd fy niddordeb penodol yn y wlad. Dywedais fy mod yn cymryd rhan mewn ffilm ynglŷn â Chwpan y Byd a Mandela. 'Oh, you must be playing one of the Welsh rugby team then,' medda fo 'nôl. 'No, actually,' medda fi, 'I'm playing a South African.' Mi aeth yn dawel iawn ac edrych arna i'n ddigon llym. 'Oh. How are you going to do that then?' 'Well, I am an actor and I'll do my best,' atebais i. Ac, yna, edrychodd arna i'n swrth ac mi ddaeth â'r sgwrs i ben trwy ddweud, 'Best of luck with that.' Roedd yn ergyd gref ac yn neges glir ynghylch y pwysau oedd arna i.

Roedd Clint Eastwood yn hoffi ffilmio am ychydig oriau ar fore Sadwrn, gorffen yn gynnar a chael gweddill y dydd yn rhydd. Wedi'r ffilmio ar y Sadwrn cynta, mi aeth cwpwl ohonan ni i dafarn gerllaw i gael *brunch* a chwpwl o beints. Roedd hi'n ddiwrnod ffeinal Cwpan Rygbi Saith bob Ochr y Byd. Medda un o'r hogia wrtha i, 'Hei Jules, Wales are in the Final!' 'No, no,' medda fi, 'It must be a lower play off or something. No way would Wales be there. It must be New Zealand or Fiji or South Africa or someone, but Wales won't be there,' medda fi 'nôl yn gwbl anghrediniol. Ond, wrth gwrs, mi roedd y boi yn iawn. Ac mi enillodd Cymru! Wel, aeth yn ddathlu wedyn, on'd do? Mi barodd y parti drwy'r nos.

Dros ryw ddiod hamddenol ar falconi'r gwesty, roedd criw ohonan ni yn ymlacio ar ôl ffilmio. Roeddwn i'n actio rhan pennaeth gwarchodwyr Mandela ac felly roedd y rhai oedd yn actio'r gwarchodwyr eraill efo fi lot fawr o'r amser. Roedd yr un peth yn wir am yr actorion oedd yn nhîm gwarchod yr ANC. Mi roedden ni'n dod ymlaen yn dda iawn, diolch byth, ac yn gwneud cryn dipyn yng nghwmni'n gilydd. Ond roedd un gwahaniaeth amlwg rhyngdda i a'r hogia hyn. Roedden nhw i gyd o Dde'r Affrig, yn ddu ac yn wyn. Oedden, mi roedden nhw'n actorion, ac yn rhai da. Ond roedden nhw wedi byw trwy'r holl drafferthion yr oedden ni yn eu dangos yn y ffilm a thipyn mwy hefyd wrth gwrs. Roedd hyn oll yn brofiad bywyd iddyn nhw. I mi'n bersonol, roedd hynny'n fendith. Roedd eistedd yn eu cwmni yn gwrando arnyn nhw'n siarad yn fwy o addysg nag a oedd unrhyw un o'r llyfrau brynais i. Ond mi roedd yn gallu bod yn anodd weithiau. Ar ddechrau'r ffilmio, mi drodd Patrick Lyster, un o'r actorion hyna ata i, a holi pa ran roeddwn i'n ei chwarae. Pan ddwedais mai fi oedd Etienne, dywedodd eu bod nhw i gyd wedi bod yn ceisio dyfalu pwy fyddai Etienne gan eu bod yn meddwl mai Langley Kirkwood fyddai wedi cael y rhan. Erbyn hynny, roeddwn wedi bod yn ffilmio efo Langley am wythnos heb wybod ei fod wedi ceisio am y rhan roeddwn i wedi ei chael. Chwarae teg iddo am beidio â dangos hynny ac am fod yn ddigon proffesiynol i gario 'mlaen â'i waith. Ond roedd yn amlwg bod bois De'r Affrig yn teimlo'r peth ac yn teimlo'n waeth am mai rhywun o'r tu allan gafodd y rhan yn y diwedd. Roedd hynny'n rhyw neges fach arall i'm hatgoffa un o ble oeddwn i a bod angen gwneud yn siŵr fy mod yn chwarae fy rhan mor llwyddiannus â phosib.

Ond wnaethon nhw ddim dal dig yn yr ystyr eu bod nhw wedi cadw draw oddi wrtha i ac mi wnes i ddysgu cryn dipyn ganddyn nhw. Mi ddaeth yn amlwg wedi rhai wythnosau nad yw sefyllfa De'r Affrig yn un hawdd ei deall. Mae'r ymdeimlad llwythol cryf yn ddwfn yng ngwaed y bobol. Nid dim ond y du a'r gwyn yw hi allan yno o bell ffordd. Mae'r gwynion yn rhannu'n bobol o dras yr Iseldiroedd a phobol o Brydain, yn ogystal â sawl gwlad arall hefyd. Mae'r hunaniaeth a'r balchder yna yn cyrraedd y caeau chwarae wrth gwrs. Capten tîm rygbi De'r Affrig a enillodd Gwpan y Byd yn 1995 oedd François Pienaar. Matt Damon oedd yn chwarae ei ran yn y ffilm. Roedd o'n ddyn gwyn o dras Iseldiraidd a doedd ei ysgol erioed wedi colli yn erbyn timoedd ysgolion o dras y gwynion Prydeinig. Roedd yn falch iawn o'r ffaith honno. Mae gan y wlad un ar ddeg o ieithoedd swyddogol. Mae hynny'n dweud cryn dipyn. Yn Cape Town, roedd yna bobol dywyll eu croen yn siarad Afrikaans fel iaith gynta. Fyddwn i fyth wedi meddwl y byddai'r fath beth yn bosib cyn mynd yno a chlywed hynny drosof fy hun. Roedd bywyd bob dydd yn addysg allan yn Ne'r Affrig mae'n rhaid dweud.

Ynghanol hyn oll, mae presenoldeb aruthrol un dyn. Mandela. Roedd ei ddylanwad yn amlwg iawn ymhob man. Mae ei stori'n ddigon cyfarwydd wrth gwrs: mewn carchar am flynyddoedd maith, cael ei ryddhau, bod yn fodlon maddau a chynnig ffordd newydd ymlaen i'w wlad. Roedd effaith hynny i gyd yn dal yn fyw ar strydoedd De'r Affrig pan oeddwn i yno. Oedd, mi roedd problemau aruthrol, mi roedd yna lygredd. Tydy'r ateb ddim yn rhwydd. Ond does dim gwadu'r hyn wnaeth yr un dyn hwnnw. Mi wnes gyfarfod â Jacob Zuma, y dyn a gymerodd yr awenau oddi wrth Mandela fel Arlywydd y wlad. Y cyfan ddweda i yw: nid Mandela mohono.

Mi aethon ni o Cape Town i fyny i Johannesburg am bythefnos. Dyna lle y ffilmiwyd ffeinal Cwpan y Byd yn Ellis Park, lle y chwarewyd y gêm go iawn. I ffan rygbi, roedd cael mynd yno cystal profiad â'r actio. Roeddwn wedi bod yn Stadiwm Newlands yn Cape Town hefyd. Mi welais gêm y Stormers yn erbyn yr Auckland Blues. Roedd hynny'n rhan o'r wefr rygbi, yn enwedig pan ges i gyfle i gyfarfod â Chester Williams, asgellwr De'r Affrig yn ystod eu buddugoliaeth yng Nghwpan y Byd 1995. Roedd yn un o'r chwaraewyr du prin yn y garfan ac roedd ganddo'r llysenw 'The Black Pearl'. Roedd Johannesburg yn ddinas gwbl wahanol. Doedd neb yn cerdded yn fan'no o gwbl. Cafodd sawl un o'r cast brofiad o'r *carjacking* sy'n digwydd yno, pan mae gangiau o hogia yn lluchio rhyw bwysau at ffenest ffrynt y car a'i chwalu wrth i chi ddreifio. Pan mae'r car yn stopio, daw'r hogia ato a bygwth y rhai sydd ynddo gan ddwyn naill ai eiddo neu'r car ei hun. Mae stadiwm Ellis Park mewn man digon anghysurus a dweud y gwir, er gwaetha'i statws fel stadiwm eiconig. Daeth nifer o chwaraewyr rygbi rhyngwladol atom ni yn y fan honno. Roedden nhw'n chwarae rhannau chwaraewyr rygbi, ond nid i'w gwledydd eu hunain o angenrheidrwydd. Roedd Junior Paramore, er enghraifft, yn aelod blaenllaw a disglair o dîm Samoa, ond yn y ffilm mae'n rhan o dîm Seland Newydd. Roedd cyffyrddiadau fel hyn, cynnwys sêr rygbi go iawn, yn gwneud y ffilm yn fwy gwerthfawr i mi, fel boi rygbi, heb unrhyw amheuaeth.

Cefais fy syfrdanu gan safon rygbi ysgolion De'r Affrig, heb os. Mae gêmau ysgolion ar y teledu yno, credwch neu beidio. Da bod S4C wedi dechrau dangos gêmau colegau erbyn hyn. Ond ysgolion ar y teledu? Mae datblygiad y gêm yn gadarn iawn. Prin bod unrhyw gyfnod mewn diwrnod pan nad oes rygbi ar y teledu. A rygbi cyflym, chwim hefyd. Roedd yn bleser ei weld.

Yn y gwesty un nos Sul, mi ddaeth pawb, gan gynnwys Clint Eastwood, ynghyd i weld ffilm o ffeinal pencampwriaeth Cwpan y Byd 1995 rhwng De'r Affrig a Seland Newydd. Rhyw ddau neu dri ohonan ni oedd yn deall rygbi ac yn ei fwynhau a dweud y gwir ac roedd y rhan fwya o'r hogia du yn dilyn pêl-droed. Ond roedd gwylio'r gêm efo'n gilydd er lles y ffilm yn golygu bod pawb yn ymddiddori yn yr hyn oedd yn digwydd. I ffwrdd â ni i glwb nos wedyn, ond heb Clint yn gwmni, dim ond rhyw dri ohonan ni oedd yn wyn yn y clwb i gyd. Roedd yno awyrgylch gwefreiddiol a dweud y gwir ac mi wnaethon ni fwynhau'n fawr.

Nes i ni fod yn Stadiwm Ellis Park, roedd Clint Eastwood a'r criw technegol yn credu mai boi o Dde'r Affrig oeddwn i. Mi ddaeth Tom Stern (*cinematographer* Clint Eastwood ar nifer o'i ffilmiau) ddod ataf i gael brecwast un bore a dweud, 'Julian! I didn't realise you were Welsh. I'm a quarter Welsh myself and very proud of that fact!'

'Nôl yn Cape Town, roedd ffilmio'r dathlu wedi i Dde'r Affrig ennill Cwpan y Byd braidd yn wyllt. Fel arfer pan mae gofyn ffilmio torfeydd mawr, mae'r cyfan wedi ei reoli mor ofalus ag sy'n bosib. Mi leolir rhai o aelodau'r criw cynhyrchu mewn mannau penodol i ddweud wrth y lleill pryd mae pawb i fod i symud. Doedd dim gobaith caneri gwneud hynny yn Cape Town. Roedd pawb yn cerdded 'nôl a blaen drwy'r trwch ar hyd y ffordd. Ac roeddwn i'n gorfod gyrru car drwy ganol hyn i gyd efo camera wedi ei glymu ar y bonet. Roeddwn hefyd i fod i wneud hyn yn fy nghymeriad ac edrych o ddifri a chanolbwyntio ar fy nghyfrifoldebau diogelwch ac ar yr un pryd dangos rhywfaint o falchder yn y ffaith bod fy ngwlad newydd ennill Cwpan y Byd! Yn naturiol ddigon, mi ofynnais, drwy'r microffon, am ychydig o gyfarwyddiadau ar sut roedden nhw am i mi chwarae hyn i gyd. At un o'r cyfarwyddwyr cynorthwyol wnes i anfon y neges, ond dyma fi'n gweld Clint Eastwood yn cerdded tuag ata i ac yn gwyro i lawr ata i yn y car gan ddweud, 'Julian, if you understand what's going on at the moment, you're the only one on this entire picture who does!'

Yn ystod ffilmio'r cyffro cyn y gêm, canu'r anthemau a'r gweiddi a'r hwyl i gyd, mi benderfynodd Clint mai rhyw dair mil o bobol fyddai angen eu ffilmio a hynny mewn un rhan o'r stadiwm. Byddai'n dyblygu'r siots hynny i wneud i'r stadiwm edrych yn llawn. Mi fyddai wedi costio ffortiwn i lenwi'r stadiwm go iawn. Mi ddaeth Clint Eastwood ata i a dweud beth roedd o isio ar gyfer ffilmio'r *close-ups* ohona i yn yr olygfa honno, 'Tony will sing the first part of the anthem, "Nkosi", and then I want you to come in during the Afrikaans part of it.' Edrychodd ar fy ymateb, efo rhyw dwtsh o Dirty Harry, a mynd yn ei flaen. 'You do know it, do you?' 'No, not really!' medda fi'n ddigon gwan. 'Ok, then I guess you're the strong silent type, yeh? No problem. Roll cameras.' A chadw'n dawel oedd fy hanes yn yr olygfa honno, gan edrych fath â dyn caled, tawel, ond, mewn gwirionedd, actor nad oedd yn siŵr o'r geiriau oeddwn i! Roedd y ffordd wnaeth o ymateb yn addysg hefyd. Dim colli ei limpin. Dim rhoi stŵr i mi. Dim dweud wrtha i am fynd i rywla i ddysgu'r geiriau. Dim ond ymateb yn greadigol i'r sefyllfa a mynd yn ei flaen. Wnaeth o ddim codi ei lais unwaith drwy'r ffilmio i gyd.

Roedd o'n cŵl iawn ac yn gweithio mewn ffordd hamddenol a oedd yn chwa o awyr iach. Er enghraifft, wrth ffilmio un o'r golygfeydd yn y stiwdio yn Cape Town, mi gymerodd ei le arferol – cadair ryw chwe troedfedd oddi ar y set, monitor bychan yn ei gôl, un *wireless*, a'i gap *baseball* am ei ben. Troi wedyn atan ni oedd yn yr olygfa dan sylw a dweud, 'This is what I want you to do. You come in through the door to this office like stormtroopers. You confront these guys. Ok. Every one know what they're doin? Ok. Let's shoot it.' Dim ymarfer heb y camera. Anaml iawn roeddwn i'n cael marc ar y llawr i'w gyrraedd ac i roi gwbod lle dylwn i sefyll. Mae hynny'n gallu bod yn hollbwysig ym myd ffilm oherwydd tynnu ffocws y camera ac ati. Ond roedd y tîm yma'n nabod ei gilydd mor dda ac yn gweithio cystal efo'i gilydd, doedd hynny ddim mor bwysig ar un o ffilmiau Clint Eastwood. Canlyniad ei ffordd hamddenol o weithio oedd iddo wneud dau ddiwrnod o ffilmio mewn un diwrnod. Roedd yn llwyddo i gael y gorau o'i actorion a'i griw.

Mi ddwedais yn gynharach i mi ddod i nabod hogia a oedd yn medru dweud wrtha i lle roedd y mannau pysgota gorau. Mi fues i allan ar y dŵr sawl gwaith. Yn ystod un penwythnos rydd, mi aeth dau griw ohonom allan i bysgota tiwna – un criw ar y diwrnod cynta a chriw gwahanol ar yr ail ddiwrnod. Mi ddaliais goblyn o diwna mawr ar y diwrnod cynta a llwyth o rai llai. Mi gafon ni farbeciw hyfryd yn nhŷ Langley y noson honno. 'Nôl yn y gwesty yn ddiweddarach mi ddaeth Clint atan ni am gwrw. Roedd yn gwneud hynny bob nos, ond byth yn aros yn hwyr iawn gan fod ei deulu yn aros efo fo, sef ei wraig a'i ferch fenga. Mi drodd y sgwrs at yr hyn yr oedd pawb wedi bod yn ei wneud yn ystod y dydd. Dywedodd Matt Damon iddo fod yn deifio am siarcod. Daeth fy nhro i. Dywedais i mi fod allan yn pysgota tiwna. Roedd Clint wedi'n gadael erbyn hynny ac mi ddywedodd un o'r lleill petai Clint yn dod i wybod i mi fod yn pysgota tiwna, a heb ddod â physgod yn ôl iddo fo, fyddai pethau ddim yn dda! Ar yr ail ddiwrnod, felly, roedd yn rhaid gwneud yn siŵr y byddwn yn dal tiwna. Doedd y criw oedd i fod efo fi ddim mewn cyflwr i fynd allan ar y môr, felly mi wnes eu gadael a mynd ar fy mhen fy hun. Mi ddaliais lwyth o tiwna. Mi es ag un at staff y gwesty. Rhoddais un i *chef* y gwesty i'w baratoi ac un arall i staff y rhai oedd yn arlwyo ar leoliad. Amser cinio y diwrnod canlynol, mi gafodd pawb diwna roeddwn i wedi ei ddal, gan gynnwys Clint. Mi ddaeth ata i ar ôl bwyd, 'Hey, Julian. That tuna was mighty fine!' *Clint ate my tuna!*

Mi fyddwn i wedi bod wrth fy modd yn ffilmio efo Clint Eastwood mewn unrhyw wlad yn y byd, hyd yn oed yn agos i adra. Ond roedd cael gwneud ffilm efo fo yn Ne'r Affrig yn well nag unrhyw freuddwyd. Yn y dyddiau hynny pan oeddwn i'n hogyn adra'n sâl o'r ysgol, mi roedd edrych ar ffilmiau yn ymwneud ag Affrica yn gyffredinol yn fwynhad pur i mi. Roeddwn wrth fy modd â byd natur yr adeg hynny hefyd, ac roedd cael gweld bywyd gwyllt Affrica ar y rhaglenni a'r ffilmiau teledu yn sicr yn lleihau'r cysgodion. Rŵan, wedi magu diddordeb angerddol mewn rygbi yn y cyfamser, roeddwn yn Ne'r Affrig, yn gweld y bywyd gwyllt hwnnw drosof fy hun, yn gweithio fel actor i Clint Eastwood, un o'r mawrion, a hynny ar ffilm yn ymwneud â rygbi – a finnau'n Gymro. Taflwch Mandela i'r berw a fedrai neb ysgrifennu gwell sgript ar fy nghyfer.

14

Paratoi ar gyfer y *premiere*

DOEDD UN PETH ddim cweit wedi gweithio yn ystod fy nghyfnod yn Ne'r Affrig. Roeddwn wedi gorfod dod 'nôl adra cyn bod taith y Llewod wedi dechrau allan yno! Mi ges gynnig i fynd i ddilyn y daith, ond doedd hynny ddim yn opsiwn mewn gwirionedd a finnau eisoes wedi bod i ffwrdd oddi cartra mor hir. Pleser llwyr oedd gweld y teulu i gyd ar blatfform gorsaf Caerfyrddin. Roedden ni wedi bod ar wahân ers misoedd ac roedd gweld sut roedd y plant wedi newid yn y cyfnod hwnnw yn rhyfeddod. Setlo i weld gêmau'r Llewod adra efo'r teulu oedd hi felly, gan fwynhau gallu cyfnewid negeseuon testun bob dydd, trwy'r dydd efo'r ffrindiau newydd wnes i yn ystod y ffilmio yn Ne'r Affrig.

Roeddwn i wedyn yn dechrau cael cyfleoedd i geisio am waith na fyddwn i'n cael ceisio amdano oni bai am *Invictus*. Mae agwedd byd ffilmio Llundain tuag at actorion o Gymru wedi newid dros y blynyddoedd diwetha yn sicr, ond mae yna ambell elfen yno o hyd sy'n ystyried mai chwarae *'boyos'* yw cryfder y Cymry. Roedd yn hwb i mi, felly, fy mod wedi chwarae rhan rhywun nad oedd yn Gymro mewn ffilm fath ag *Invictus*. Ac fel mae'n digwydd, y rhan gynta i mi ei chael wedi dod 'nôl oedd chwarae boi o Dde'r Affrig ar y gyfres ddrama *Identity* ar ITV. Daeth y gwaith nesa yn Iwerddon, pan ges ran mewn un bennod o gyfres *The Tudors*.

Cyn hir, daeth cyfle i weithio efo cyfarwyddwr arall oedd

wedi gwneud ffilm a enillodd Oscar. Kevin McDonald oedd cyfarwyddwr *The Last King of Scotland* a enillodd Oscar am yr actor gorau. Roedd yn cyfarwyddo *The Eagle*, ffilm am gyfnod y Rhufeiniaid yn yr Alban, ac mi ges i ddarllen ar gyfer un o'r rhannau. Penderfynwyd fy mod yn rhy ifanc i chwarae'r rhan wnes i ddarllen. Ond cynigiwyd rhan arall i mi yn y ffilm. Draw â fi i Budapest am bum wythnos wedyn i ffilmio efo Channing Tatum, Paul Ritter, Dennis O'Hare a Jamie Bell a brofodd gryn lwyddiant yn chwarae rhan Billy Elliot.

Erbyn hynny, roedd y criw wedi gorffen y gwaith ôl-gynhyrchu ar *Invictus*. Daeth diwrnod y *premiere* byd-eang ac roedd gofyn mynd i Los Angeles. Rhaid oedd manteisio ar y cyfle hefyd i drefnu cyfarfodydd efo asiantau ffilm yng nghalon y byd ffilmiau wrth gwrs. Felly, roedd angen trefnu bod oddi cartra am gyfnod gweddol hir unwaith eto.

Trefnwyd i mi aros yn y Beverly Hilton, un o westai enwoca'r byd a'r man lle maen nhw'n cynnal seremoni'r Golden Globes. Roedd hynna'n ddechrau da i'r daith! Mi ddaeth Sian Thomas allan efo criw *Wedi 7* er mwyn gwneud rhaglen ar fy mhrofiad i yno. Chafon nhw ddim dod i fewn ond mi gawson ni lot o hwyl yn ffilmio fy mharatoadau ar gyfer y *premiere*.

Ond does dim amheuaeth nad prif arwyddocâd y daith oedd mai dyna'r tro cynta i mi fynd 'nôl i'r Unol Daleithiau, ac i Galifformia'n benodol, a hynny ers i mi adael er mwyn gweld a allwn gynnal bywoliaeth fel actor. Ugain mlynedd ynghynt, mi adawais America yn awyddus i fod yn actor, ond heb y syniad lleia sut y gallwn wireddu hynny a heb glywed am unrhyw goleg drama yn y byd heblaw RADA. Rŵan, roeddwn yn cerdded i lawr Sunset Boulevard yn barod ar gyfer *premiere* ffilm roeddwn i wedi actio ynddi dan gyfarwyddyd Clint Eastwood! Roedd yn deimlad rhyfedd, ond yn deimlad arbennig iawn.

Yn y *premiere* ei hun, roedd Clint Eastwood, Morgan Freeman a'r lleill i gyd yno yn ôl y disgwyl. Mi wnaeth hynny ddwysáu'r profiad arbennig. Ond mi aeth yn hollol swrreal pan gyrhaeddodd pobol fath â Brad Pitt, Angelina Jolie a Sandra Bullock. Roedd hynny'n afreal go iawn! Roedd yn golygu cymaint i mi fod François Pienaar, capten tîm rygbi De'r Affrig pan enillon nhw Gwpan y Byd a'r un roedd Matt Damon wedi chwarae ei ran yn y ffilm, yn eistedd y tu 'nôl i mi.

Roeddwn yn eitha nerfus wrth wylio'r ffilm, yn enwedig y rhannau roeddwn i ynddyn nhw. Doeddwn i ddim yn gyfarwydd â'r fath sefyllfa ac roedd yn ddigon rhyfedd meddwl bod y sêr oedd o'm cwmpas yno i weld rhywbeth roeddwn i ynddo.

Rhaid oedd mynd i barti wedyn a hynny yn The Beverly Wilshire Hotel, y gwesty lle gwnaethon nhw ffilmio *Pretty Woman*. Roedd pawb yn heidio o gwmpas Clint yn ddi-baid ac isio ei longyfarch ar y ffilm. Tua diwedd y noson, mi welodd gwraig Clint fi'n siarad efo rhywun neu'i gilydd. Galwodd draw at ei gŵr a dweud wrtho 'mod i yno. Mi ddaeth draw am sgwrs ac mi ges gyfle i ddiolch iddo am roi'r fath gyfle i mi. Trodd ata i efo'r llygaid cul, llonydd sydd yn rhan o'i ddelwedd a dweud yn y llais sydd yr un mor eiconig, 'No, Julian. Thank you.' Roedd fy ngwên mor llydan â Sunset Boulevard!

Y bore wedyn, ar ôl mynd i barti arall ar ôl yr un swyddogol, roedd angen gwneud cyfweliadau ar deras to The Beverly Hilton. Dim ond breuddwydio am gael gwneud y fath beth fyddai unrhyw un mewn gwirionedd, ond mi fues i'n ddigon lwcus i gael y profiad. Roedd angen gwneud rhyw ymgais i gyffwrdd â'r ddaear unwaith eto a diolch byth roeddwn wedi trefnu taith i weld fy nheulu i lawr yn Orange County. Mi es atyn nhw am benwythnos a chael cyfle gwerthfawr i'w gweld am y tro cynta ers blynyddoedd maith. Roedd plant fy nghyfnither, Sherri, wedi cael plant eu hunain erbyn hynny a doeddwn i ddim wedi eu gweld o gwbl.

Yna, arhosais efo un o fy ffrindiau roeddwn wedi dod i'w nabod wrth weithio ar *Invictus* yn Ne'r Affrig, Gesine Thomson, sydd yn galw ei hun yn bensaer cymdeithasol. Tipyn o ysbryd rhydd yw Gesine, dynas yn ei chwedegau hwyr ond sy'n meddu ar ysbryd ifanc tu hwnt. Ces aros yn garej ei chartre, ychydig ddrysau i lawr o dŷ Barbra Streisand, ond garej a oedd wedi ei haddasu'n lle i aros. Mi logais gar ac roeddwn yn rhydd i fynd a dod fel y mynnwn. Dyna'r cyfnod o fynd i gyfarfodydd amrywiol ym myd ffilmiau Hollywood. Cefais gyfarfod yn Universal, yn y stiwdio lle roedden nhw'n gwneud y gyfres *Friends*. Roedd y cyfarfod ar nos Wener. Mi aeth yn dda ac roedd ganddyn nhw ddiddordeb yn fy ngweld i eto. Erbyn i'r cyfarfod orffen roedd hi tua chwech o'r gloch y pnawn ac roedd rhaid i mi yrru yn ôl i lawr i Orange County. Fydd y term *rush hour* ddim yn golygu'r un peth i mi am weddill fy oes dwi'n siŵr. Brawychus yw'r gair. *Freeways* deg lôn yn llawn dop a phob car drwyn wrth gynffon. Roedd yn rhaid i mi fynd o un pen i LA, trwy'r ddinas ac allan yr ochr arall ac i lawr i'r de. Doedd dim diben dibynnu ar y *Sat Nav*, roedd hwnnw'n drysu pethau'n waeth. Ar ben hynny hefyd, roedd yn rhaid dygymod â diffyg amynedd trigolion y ddinas. Doedden nhw ddim yn deall nad oedd pethau ddim cweit yr un fath ar y ffordd i fewn ac allan i Benllech! Y rheswm roeddwn i'n mynd 'nôl i Orange County oedd i weld *Invictus* efo fy nheulu. Roedd yn agor ar *general release* y noson honno ac roeddwn wedi bwcio tocynnau i ni weld y ffilm efo'n gilydd. Felly roedd pwysau ychwanegol go sylweddol arna i i gyrraedd erbyn amser penodol. Trwy lwc, ac wedi lot o chwys, mi gyrhaeddais mewn pryd i gymryd fy sedd ochr yn ochr â fy nheulu. Mi ddaeth hynny â holl arwyddocâd y daith 'nôl i America yn gwbl fyw. Roedden nhw yno, 'nôl pan gymerais i'r cam bychan ansicr cynta hwnnw ar daith hir.

Roeddwn yn gadael America dan amodau tra gwahanol y tro diwetha i mi wneud hynny. Roeddwn yn gadael efo'r bwriad o fynd yn ôl yn eitha buan ar gyfer tymor y rhaglenni peilot, pan mae actorion yn cael cyfle i gael eu gweld mewn rhaglenni sy'n cael eu gwneud i geisio denu'r cwmnïau ffilm a theledu i'w prynu. Ond nid felly fuodd hi. Mi ddaeth cyfle i gael gwaith 'nôl ym Mhrydain a bu'n rhaid i mi ei dderbyn ac, oherwydd hynny, gwrthod y cyfle i fynd 'nôl i America. Mi fyddai hynny wedi bod yn brofiad arbennig i mi mae'n siŵr ond, America neu beidio, mae'n rhaid derbyn cynnig pendant pan ddaw yn lle gobeithio am rywbeth gwell.

Cael cais i chwarae rhan y Rwsiad Viktor Barenshik wnes i mewn un bennod o'r gyfres hynod boblogaidd, *Spooks*. Daeth y cadarnhad fy mod wedi cael y rhan tra oeddwn yn Iwerddon ar gyfer gêm ym Mhencampwriaeth y Chwe Gwlad rhwng Cymru ac Iwerddon. Roedd hynny ar yr adeg pan oedd maes Landsdowne Road yn cael ei adnewyddu ac roedd Iwerddon yn chwarae eu gêmau cartra yn Stadiwm Croke Park. Doeddwn i erioed wedi bod yno, felly draw â fi efo grŵp o ffrindiau. Ces glywed fy mod wedi cael y rhan ar y nos Wener cyn y gêm. Roeddwn wrth fy modd. Hynny yw, tan i mi glywed eu bod yn dechrau ffilmio ar y dydd Sul ar ôl y gêm! Dywedais nad oedd hynny'n bosib gan nad oeddwn 'nôl yng Nghymru tan y nos Lun. Ond roedden nhw'n benderfynol. Roedd yn rhaid dechrau ar y dydd Sul am eu bod wedi bwcio gorsaf danddaearol Charing Cross ar gyfer y ffilmio a doedd dim modd newid y diwrnod.

Mi wnes fwynhau'r amser allan yn Nulyn gymaint ag y gallwn i o wybod bod angen mynd adra ar ôl y gêm yn groes i'r disgwyl – ac er gwaetha'r ffaith i Gymru golli'n go drwm hefyd. Doedd hynny ddim yn help. Mi wnes adael fy ffrindiau ar ôl y gêm a dechrau'r daith 'nôl i Lundain. Mi gyrhaeddais westy Charing Cross am hanner awr wedi hanner. Roedd y ffilmio'n dechrau am hanner awr wedi pump y bore wedyn. Doeddwn i ddim wedi derbyn sgript chwaith ac, ar ben hynny, roeddwn yn chwarae dyn o Rwsia ac angen cael yr acen yn iawn. Roedd parsel yn aros amdana i yn y gwesty a oedd yn cynnwys y sgript, diolch byth, a CD hefyd, CD i'm hyfforddi sut i siarad efo acen Rwsiaidd. Mae'n siŵr na fydd yn syndod i chi ddeall na chysgais i'r noson honno.

Ar leoliad, yn gynnar ar y bore Sul, ni chafwyd dechrau tawel. Roedd golygfeydd cyffrous i'w ffilmio a oedd yn golygu cael fy hel i fyny ac i lawr yr *escalators*. Yn ystod y toriad, mi ddaethon nhw â dyn draw ata i i ymarfer yr acen. Sôn am funud ola! Wedyn, i wneud y pwysau'n waeth, mi ddaeth y cyfarwyddwr ata i a gofyn sut oeddwn i'n teimlo ynglŷn â gwneud golygfa arall y diwrnod hwnnw, un a oedd yn golygu y byddwn yn siarad Rwsieg drwy'r amser. Nid acen Rwsieg, ond yr iaith ei hun. Mi wrthodais. Roeddwn yn teimlo dan gryn dipyn o bwysau fel roedd hi. Yn wir, es i deimlo'n sâl ar un adeg. Dechreuais feddwl fy mod yn mynd i gael trawiad ac mi wnes i ystyried gofyn am gael mynd i'r ysbyty. Mi gymerais beth amser i mi fy hun i glirio'r meddwl. Penderfynais y byddwn yn rhoi cynnig arni'r diwrnod wedyn, yn ôl y disgwyl. Mi gysgais a deffro i wynebu her diwrnod arall. Mi ddaeth yn amlwg yn syth fod y pwysau gwaith dipyn trymach y diwrnod hwnnw nag oedd y diwrnod cynt. Mi es drwyddi yn weddol am weddill y ffilmio ond doedd y ffordd y cafodd yr holl beth ei wneud yn sicr ddim wedi fy mhlesio. Ond wrth edrych 'nôl dros y bennod, mae'n rhaid dweud i mi fwynhau bod yn rhan o'r gyfres ac i mi fwynhau'r bennod roeddwn ynddi – yn y diwedd!

Pythefnos o waith oedd o i fod yn y lle cynta. Ond wrth ddechrau ffilmio, mi ddigwyddodd ffrwydriad y llosgfynydd yng Ngwlad yr Iâ, yr un achosodd bob math o drafferthion a diflastod oherwydd y llwch trwchus a wasgarwyd drwy'r awyr. Mi effeithiodd hynny ar allu rhai pobol i gyrraedd y set, y rhai a oedd yn dod o wledydd eraill yn benodol, gan fod nifer o deithiau awyren wedi eu canslo am nad oedd yn bosib hedfan drwy'r llwch. Trodd y cyfnod ffilmio'n dri mis erbyn i ni orffen ac felly doedd dim modd i mi gael fy rhyddhau o'r ffilmio i fynd i America. Felly dyna pam y diflannodd y cyfle i fynd yn ôl i America ar gyfer tymor y rhaglenni peilot. Llwch llosgfynydd Eyjafjallajökull, Gwlad yr Iâ. Mae cyfleodd yn gallu mynd a dod mor sydyn â hynny i actor.

15

Mewn anialwch
a bin Laden

MI GEFAIS DDECHRAU da i'r flwyddyn 2011. Cefais gais i drio am ran mewn cyfres newydd sbon a grëwyd gan yr amryddawn Ruth Jones a'i gŵr, David Peet. Mi brofodd hi gryn lwyddiant, wrth gwrs, efo'r gyfres *Gavin & Stacey*. Ei chyfres nesa oedd *Stella* ar Sky 1. Mae'n siŵr bod pwysau mawr arni hi, ac ar y gyfres yn gyffredinol, am ei bod yn dilyn comedi cystal â *Gavin & Stacey*. Ond, yn unol â'i thalent, roedd Ruth wedi creu cyfres arall a oedd yn edrych yn addawol iawn.

Roedd y gyfres hon wedi ei lleoli yng Nghymru hefyd, yn y Cymoedd y tro hwn. Yn syml, mae Stella yn fam sengl sy'n bedwar-deg-rhywbeth ac yn smwddio i nifer o drigolion pentra dychmygol Pontyberry er mwyn cael dau ben llinyn ynghyd. Ruth Jones sy'n chwarae rhan Stella Morris. Yn nwylo rhywun fel Ruth Jones, gall *scenario* mor syml â hynny droi'n gyfres lwyddiannus. Ac mi wnaeth.

Proses hir iawn oedd castio'r gyfres gynta a hynny, mae'n siŵr, oherwydd y pwysau i sicrhau y byddai'n llwyddo yn unol â'r disgwyliadau a godwyd gan *Gavin & Stacey*. Mi ges i ddau glyweliad ar gyfer un o'r rhannau cyn cael clywed yn Ionawr 2011 i mi gael rhan Karl Morris. Cyn-ŵr Stella oedd Karl ond roedd o 'nôl yn y pentra efo Nadine, ei bartner presennol. Roedd y ddau fel rhyw fath o Posh and Becks y Cymoedd – neu'n hytrach, roedden nhw'n meddwl eu bod nhw!

Roedd rhan helaeth o'r ffilmio yn digwydd yn Ferndale, yn

y Rhondda, ac ambell olygfa'n cael ei ffilmio mewn stiwdio yn Heol Penarth, Caerdydd. Roeddwn wedi gwneud rhywfaint o gomedi o'r blaen, ond dim byd ar y raddfa yma. Mi rydw i wedi bod yn ffan mawr o gomedi erioed, yn mwynhau rhaglenni comedi ar y teledu, ond doeddwn i ddim wedi cael fy ngweld fel actor comedi ar unrhyw adeg yn fy ngyrfa. Roedd yn brofiad digon derbyniol, felly, gael bod yn rhan o raglen o'r fath. Mae gofyn mesitroli sgìl newydd sbon, sef amseru comedi. Lwcus felly fy mod yn gweithio efo cymaint o actorion o safon yn y gyfres gynta honno, gan gynnwys y feistres Ruth Jones ei hun, wrth gwrs. Mi ddysgais gryn dipyn ganddi hi, yn ogystal ag yng nghwmni actorion eraill fel Owen Teale ac Elizabeth Berrington.

Mi aethon ni i ffwrdd am wythnos gyfan i Fannau Brycheiniog ar un adeg er mwyn ffilmio golygfa am noson *stag*. Dyna beth oedd wythnos a hanner a ni'r hogia efo'n gilydd am gyfnod hir. Yr uchafbwynt, mae'n siŵr, oedd fi, yng nghymeriad Karl, yn trio canu 'Wonderwall', Oasis. Er dw i ddim yn siŵr y byddai pawb arall yn ei alw'n uchafbwynt!

Mae *Stella* wedi llwyddo. Mae'r ffilmio ar gyfer y bedwaredd gyfres ar fin dechrau. Mi sgrifennodd Ruth Jones y gyfres *Gavin & Stacey* efo James Corden ac roedd hanner y penodau wedi eu lleoli yn y Barri a hanner yn Essex. *Stella*, felly, oedd y sgriptio cynta i Ruth ei wneud ar ei phen ei hun a hynny yn gorfod dilyn llwyddiant *Gavin a Stacey*. Mae o hefyd wedi ei leoli'n gyfan gwbl yng Nghymru. Roedd yn gyfle, felly, i gynulleidfa trwy wledydd Prydain ac Iwerddon weld hiwmor Cymreig. Mae'n amlwg iddo gydio.

Wrth ffilmio *Stella*, mi ddaeth cyfle i fynd am glyweliad ar gyfer ffilm fawr arall, ac i weithio efo cyfarwyddwr arall a oedd wedi ennill Oscar. Mae Kathryn Bigelow yn gyfarwyddwr arbennig iawn. Does dim llawer o fenywod wrthi'n cyfarwyddo ffilmiau mawrion ond mae hi wedi gwneud sawl ffilm lwyddiannus iawn, gan gynnwys *The Hurt Locker* a enillodd Oscar am y ffilm orau yn 2010. Yn 2010, cafodd ei henwi ar restr y 100 o bobol fwya dylanwadol yn y byd gan gylchgrawn *Time*.

Yn 2012, mi enillodd y New York Film Critics Circle Award am y cyfarwyddwr gorau ar ôl rhyddhau *Zero Dark Thirty*, yr unig fenyw i ennill y wobr honno ddwywaith.

Ar gyfer *Zero Dark Thirty* y ces i gyfweliad. Roedd yn ffilm ynglŷn ag ymdrechion America i ddod o hyd i Osama bin Laden. Ond doeddwn i ddim yn gwybod hynny wrth fynd am y clyweliad, na'r un actor arall chwaith. Doedden nhw ddim wedi rhyddhau'r sgript 'mlaen llaw na dweud beth oedd testun y ffilm chwaith, a hynny oherwydd rhesymau yn ymwneud efo diogelwch a sensitifrwydd y stori, yn hytrach na diffyg trefn a chynllunio. Roedd gofyn i ni ddysgu un o olygfeydd *The Hurt Locker* er mwyn ceisio am ran yn *Zero Dark Thirty*. Jamie, mab un o fy ffrindiau, Simon Wright, y perchennog bwytai a'r darlledwr bwyd, oedd wedi fy ffilmio yn fy nghartre yn actio rhan o'r sgript a anfonwyd ataf. Roeddwn yn ddigon bodlon â'r ffordd y chwaraeais y rhan a phostiais y tâp ar y nos Iau.

Y bore wedyn, roeddwn ar awyren yn hedfan i Ffrainc efo criw o ffrindiau. Mi roedd y Scarlets yn chwarae yn Castres yng Nghwpan Heineken. Roedd yn un o'r tripiau rygbi pleserus iawn hynny dw i wedi eu mwynhau wrth ddilyn y Scarlets. Wedi dod 'nôl, ymhen rhai dyddiau, mi gawson ni wybod gan ein landlord ei fod am werthu ei dŷ a bod disgwyl i ni symud allan. Mi gawson ni fwthyn yng Nghapel Dewi ger Caerfyrddin yn eitha buan a rhyw ddeuddydd ar ôl symud i'r bwthyn newydd, a ninnau ynghanol ein bocsys, mi ddaeth galwad gan fy asiant yn dweud wrtha i fod Kathryn Bigelow am gynnig rhan i mi yn *Zero Dark Thirty*. Roeddwn wrth fy modd a dweud y lleia. Ac yna mi ddaeth yr ergyd arferol – roedd gofyn i mi hedfan i ymuno â'r criw o fewn tridiau! Roedd hi'n ddydd Iau arna i'n cael y neges, roedd y diwrnod canlynol yn ddydd Gwener y Groglith a minnau wedyn yn gorfod hedfan ar Sul y Pasg i Wlad yr Iorddonen. Mi roedd yn rhaid gadael Kim a'r plant ynghanol y bocsys mewn tŷ newydd, felly, a ffwrdd â fi am bythefnos i'r Dwyrain Canol.

Wedi cyrraedd y gwesty, roedd gofyn mynd ati'n syth i weld ynglŷn â'r gwisgoedd a thorri gwallt ac ati. Ond doedd dim sgript byth! Roedd tri ohonan ni efo'n gilydd: fi, Christian Contreras o America a Scott Adkins o ganolbarth Lloegr. Roedd Scott yn dipyn o arbenigwr *martial arts* ac wedi ymddangos mewn ffilmiau efo Jean-Claude Van Damme a Dolph Lundgren. Doedd yr un o'r tri ohonan ni'n gwybod pa gymeriad roedden ni'n ei chwarae. Profodd hynny'n dipyn o broblem pan aethon ni i gael ein mesur ar gyfer y gwisgoedd. Roedd pennaeth y gwisgoedd am wybod pa rannau roedden ni'n eu chwarae yn y ffilm. Pan ddwedodd y tri ohonan ni nad oedden ni'n gwybod, mi gollodd ei limpin yn llwyr a dechrau rhegi'r ffilm a phawb a oedd ynghlwm â hi! Mi ffoniodd rywun neu'i gilydd i ofyn pwy roedden ni i fod yn y ffilm, cafodd ateb ac mi roedd popeth yn dawel ac yn llonydd unwaith eto.

Y bore wedyn, i ffwrdd â ni i wersyll milwrol ynghanol yr anialwch. Roedd yn agos iawn i'r ffin efo Syria a hynny ar adeg pan oedd y brwydro erchyll yn dechrau yn y wlad honno. Roedd Kathryn Bigelow yn y gwersyll milwrol ac mi roedd hi'n berson hyfryd iawn, digon addfwyn a dweud y gwir o ystyried bod ganddi enw am wneud ffilmiau'n llawn cyffro, tensiwn a thrais. Mae yn ei chwedegau erbyn hyn, ond dydy hi ddim yn edrych ei hoedran o bell ffordd chwaith ac mae'n ifanc iawn ei hysbryd. O'n cwmpas ar bob llaw, roedd cerbydau milwrol mawr a bach. Roedd llwch a thywod yn chwythu o'n cwmpas ac, yn sicr, roedd yn rhwydd credu ein bod mewn gwersyll milwrol go iawn ac nid ar set ffilm. Mi ddaeth Kathryn Bigelow ata i ymhen dim a dweud wrtha i beth oedd hi'n disgwyl i mi wneud. Mi ddaeth yn gwbl amlwg bod gofyn i mi actio'n fyrfyfyr, mewn acen Americanaidd, a hynny efo dau ecstra o'r Iorddonen nad oedden nhw'n gallu siarad Saesneg. Mi roedd hi'n fodlon â'r hyn wnes i beth bynnag, a 'mlaen â ni wedyn at y golygfeydd nesa.

Mae un olygfa yn y ffilm sydd yn gwbl allweddol, golygfa sy'n dangos hunan-fomiwr a ffrwydriad yn y gwersyll. Roedd Christian, Scott a fi yn rhan o'r olygfa hon, ac er mai dim ond am funudau'n unig mae'r olygfa ar y sgrin yn y ffilm derfynol, mi roedd hi'n ddiddorol tu hwnt gweld sut roedd rhywun fath â Kathryn Bigelow yn saethu *action scene* mor bwerus. Mi roedd yna gyfuniad o drefnu gofalus a rhyw elfen wyllt ynglŷn â'r holl beth hefyd. Roedd ganddi bedwar camera yn rhedeg ar yr un pryd drwy'r olygfa, roedd dynion diogelwch ymhob man a phopeth wedi ei osod yn fwriadol a gofalus. Ond, roedd gwylltineb i'r holl beth hefyd. Cynhyrchydd y ffilm oedd Mark Boal a fo oedd awdur y ffilm hefyd. Ar adeg y saethu, roedd o a Kathryn mewn perthynas â'i gilydd, hi'n rhyw 62 ac yntau tua 38. Roedd 'na ryw densiwn rhwng y ddau a doedd y cynllunydd gwisgoedd ddim yn dod 'mlaen efo un o'r cyfarwyddwyr uned. Pan mae gofyn ffilmio golygfeydd sy'n llawn tensiwn, mae'n dipyn haws gwneud hynny heb fod yna densiwn rhwng aelodau'r criw hefyd. Mor wahanol oedd y profiad o weithio efo Clint Eastwood a'r criw: profiad tebycach i fod mewn teulu na gweithio efo cwmni cynhyrchu.

Ond, unwaith eto, mi wnes ffrindiau da ar set *Zero Dark Thirty*. Mae cael eich rhoi efo actorion eraill cwbl ddieithr am gyfnod byr iawn, ond cyfnod dwys, yn eich gorfodi chi bron i ddod ymlaen efo'ch cyd-actorion. Rydan ni'n rhannu'r un gwaith, llety ac amser sbâr efo'n gilydd ac mae hynny yn ein tynnu'n agos at ein gilydd yn go sydyn. Mae Christian a Scott ymhlith fy ffrindiau hyd heddiw ar ôl gweithio efo nhw yn yr Iorddonen, yn yr un ffordd ag y mae ffrindiau *Invictus* yn ffrindiau o hyd.

'Nôl adra â fi wedyn i ganol y bocsys a oedd ar ôl yn ein bwthyn yng Nghapel Dewi ac i ddechrau setlo i gartra newydd a gallu rhoi llawer mwy o help i Kim yn y broses. Cyn pen dim, roedd cyfres arall o *Stella* yn galw. Braf iawn yw cael cyfle i weithio ymhellach ar gymeriad roeddwn wedi ei chwarae mewn cyfres flaenorol. Mae dod o hyd i fformiwla i sicrhau bod cymeriad yn gweithio yn hanfodol wrth gwrs. Wrth fynd â'r cymeriad yna i ail gyfres rhaid cadw at y fformiwla honno ond heb ailadrodd eich hun. Dyna'r dasg.

Mi ddaeth tro annisgwyl yn fy nghysylltiad efo *Stella*. Dros Nadolig 2012, mi gefais i a Karen, sy'n chwarae rhan Nadine, wahoddiad i gyflwyno parti Nadolig cwmni Sky. Roedd rhaid i ni fynd i'r Alban a bod ar y llwyfan yn ein cymeriadau, Karl a Nadine. Staff y canolfannau ateb ffôn ac ati oedd yno, gweithwyr y cwmni, felly, a dim ond Karen a fi oedd yn sobor y noson honno dw i'n siŵr. Ond mi roedd yn arwydd o sut mae'r gyfres *Stella* wedi cydio mai dau o gymeriadau'r gyfres honno oedd yn cynnal parti blynyddol y staff. Doedd o ddim fel petai prinder cyfresi a chymeriadau y gellid bod wedi dewis ohonyn nhw.

Yn rhyfedd ddigon, wedi dod 'nôl o'r Iorddonen, mi ges waith yn gweithio ar gyfres yn adrodd stori'r Beibl! Mi ddaeth y cais tra oeddwn ar daith bysgota efo Kim a'r plant, ynghyd â Rhys Llywelyn a'i blant o. Roeddwn ar gwch fy nghefnder, Andrew Owen o'r Felinheli, er mwyn gwneud erthygl i gylchgrawn *Sea Angler*. Tra oeddwn ar y cwch, ffoniodd Langley, yr actor ddaeth yn ffrind wrth ffilmio *Invictus*. Roedd o'n gweithio ar ffilm deledu ac wedi awgrymu wrth y cyfarwyddwr y dylwn i gael rhan ynddi hefyd. Mi ges yr alwad ar ddydd Llun ac roedd disgwyl i mi hedfan i Moroco y diwrnod canlynol. Felly, dyna oedd yn rhaid ei wneud.

Hedfanais i Casablanca ac oddi yno i Ouarzazate yn yr anialwch. Mae'n lleoliad ffilmio poblogaidd iawn. Yno y ffilmiwyd *Lawrence of Arabia*, *The Last Temptation of Christ* a *Gladiator* er enghraifft. Cyfres o ffilmiau teledu oedd *The Bible* a fyddai'n cael ei dangos yn America. Roedd yn adrodd stori'r Beibl o'r dechrau i'r dwedd. Roeddwn i fod i chwarae rhan un o angylion yr Arglwydd, yr un a oedd wedi ymweld â mam Samson er mwyn dweud wrthi am beidio â thorri ei wallt. Roedd yn rhan grêt i'w chwarae, er ei bod yn un weddol fyr. Yr unig broblem oedd y gwres. Roedd yn rhaid i mi wisgo clogyn mawr gwlanog mewn tymheredd o tua 45 gradd! Doedd hynny ddim yn bleserus a dweud y lleia. *The Bible* yw un o'r cyfresi teledu mwyaf poblogaidd yn America. 'Nôl a fi i Gymru ar y nos Sul canlynol ac ailgydio yn ffilmio *Stella*. Mewn cyfnod gweddol fyr, felly, roeddwn wedi bod efo cymeriadau'r Cymoedd ym Mhontyberry, Osama bin Laden a'i derfysgwyr ac angylion Duw. Fedra i ddim cwyno am ddiffyg amrywiaeth!

16

Pysgota am gyfle newydd

GO BRIN Y gallai'r byd rydw i'n dianc iddo fod yn fwy gwahanol i'r byd ffilmio â'r goleuadau, y colur, y gwisgoedd a'r sêr. Does dim cysgod o'r fath bethau ym myd pysgota. Mi wnes i sôn eisoes i'r diddordeb mewn dal pysgod ddechrau pan oeddwn yn hogyn ysgol yn sâl. Mae'r diddordeb wedi datblygu cryn dipyn ers hynny, er i mi roi'r gorau iddi am rai blynyddoedd, cyn ailgydio mewn gwialen pan symudodd Kim a fi i Benarth. Yn y blynyddoedd diwetha, mi fues yn ddigon lwcus i allu dod â'r diddordeb mewn pysgota a fy ngyrfa deledu at ei gilydd.

Mae deng mlynedd erbyn hyn ers i mi ddechrau meddwl am wneud cyfres bysgota ar y teledu. Roeddwn ni'n byw ym mhentre Llanarthne ar y pryd ac yn gwylio cryn dipyn o gyfresi pysgota ar y teledu, rhai fath â chyfresi Rex Hunt a Matt Hayes. Er bod y cyfresi hynny yn rhai da iawn, mi wnes i sylwi eu bod yn cael eu hailddangos yn ddi-baid. Doedd dim byd ffres yn digwydd. Mi es ati yn y diwedd i roi fy syniadau i lawr ar bapur er mwyn gweld a allwn greu cyfres bysgota fy hun. Roeddwn yn gwbl grediniol y byddai cyfres bysgota yn gweithio petawn i'n gallu trosglwyddo'r angerdd sydd gen i dros y gamp i'r sgrin fach. Mi wnes i anfon y syniad roeddwn wedi ei ddatblygu at S4C, BBC, Sky, Discovery, ITV ac ati. Ond llythyrau digon caredig ddaeth 'nôl yn dweud, 'na, dim diolch'. Y farn gyffredinol oedd na fyddai pysgota yn gweithio ar deledu. Ond wnes i ddim rhoi'r gorau iddi. Mi wnes i barhau i ddatblygu syniadau a gwneud fideos pysgota efo sawl cwmni sy'n gwneud offer pysgota. Roedd hynny'n help i weld beth fyddai'n gweithio ar sgrin a sut oedd trin pysgota yn weledol.

Pan ddaeth cyfnod ffilmio *Invictus*, doedd neb wedi cydio yn y syniad o gyfres bysgota. Un diwrnod, a finnau'n paratoi i fynd i Dde'r Affrig, dyma Gareth Vaughan Jones o gwmni Telesgop yn dod â chamera i mi a gofyn a fyddwn i'n gwneud rhyw fath o ddyddiadur fideo tra oeddwn yn ffilmio. Mi wnes i hynny ond doedd gen i ddim digon o brofiad i wybod ar ba bethau y dylwn i ganolbwyntio ac o ganlyniad mi wnes i ffilmio lot gormod o ddeunydd heb unrhyw ffocws penodol. Ond o leia roedd yn gam arall wrth fagu profiad ym maes gwneud rhaglenni.

Wedi dod adra, mi drodd y sgwrs efo Telesgop at y syniadau pysgota oedd gen i. Penderfynwyd gwneud rhaglen beilot a gofynnwyd i Rhys Llywelyn gydgyflwyno. Mae Rhys yn un o fy ffrindiau, yn gyd-bysgotwr ers blynyddoedd lawer ac un a oedd ar y pryd yn hybu pysgota yng Nghymru yn rhinwedd ei swydd. Tra oeddwn i'n ffilmio'r gyfres *Spooks*, mi ges alwad i ddweud bod S4C wedi comisiynu'r gyfres. Roedd yn newyddion cyffrous iawn ac mi roeddwn yn edrych ymlaen yn fawr at ddechrau ffilmio.

Mi aeth rhaglen gynta'r gyfres â ni allan i'r môr i bysgota siarcod, rhywbeth rydw i'n hoff iawn o'i wneud. Mi gawson ni dywydd digon bywiog wrth ffilmio ac mi roedd hynny'n golygu bod yr holl beth yn edrych hyd yn oed yn fwy cyffrous ar y sgrin fach. Dyna fy mwriad, mewn gwirionedd, wrth lunio cyfres bysgota yn y lle cynta, sef gwneud i'r holl grefft ymddangos yn gyffrous a deniadol. Mae angen lladd y ddelwedd *boring* sydd gan bysgota. Tydy o ddim. Yn ail raglen y gyfres roedd gofyn i mi wneud rhywbeth nad oeddwn i wedi ei wneud o'r blaen, sef pysgota mewn *kayaks*. Roedd hynny'n sicr yn edrych yn gyffrous ac mi wnes i fwynhau'r profiad yn fawr iawn. Daeth rygbi a physgota ynghyd yn y drydedd raglen pan aethon ni â Phil John, prop y Scarlets, i Dartmouth er mwyn pysgota am frenhinbysg (*ling*) a slywennod môr (*congers*). Roedd creu rhaglenni fath â'r rhain yn ymdrech i apelio at y rhai sy'n gwirioni ar bysgota, wrth gwrs, ond hefyd i ddenu pobol heb y diddordeb lleia.

Oherwydd y ffordd mae teledu'n gweithio, nid ar gyfer rhaglen gynta'r gyfres roedd y ffilmio cynta wnaethon ni. Y tro cynta i'r criw a'r tîm cynhyrchu weithio efo'i gilydd ar y gyfres 'Sgota oedd yng Ngwlad yr Iâ. Roedden ni yno er mwyn ffilmio rhaglen arbennig ar gyfer y Nadolig a fyddai'n cael ei darlledu ar ôl y gyfres. Mi oedd hwnna'n brofiad newydd eto i mi ac yn gyfle i ychwanegu at y rhestr o wledydd rydw i wedi pysgota ynddyn nhw. Profodd y gyfres a'r rhaglen Nadolig yn llwyddiant heb os. Cafodd y rhaglenni ddilyniant da iawn, yn y byd pysgota ac ymhlith y cyhoedd yn gyffredinol. Braf iawn oedd cael ymateb gan bobol ddiGymraeg oedd wedi dilyn y gyfres oherwydd eu diddordeb mewn pysgota. Cafwyd cryn sylw iddi yn y wasg bysgota hefyd. Mae hynny'n rhywbeth cadarnhaol iawn.

Ond, fel sy'n wir am lwyddiant yn gyffredinol, y job yw trio ei ddilyn wedyn. Roedd gofyn gweithio er mwyn paratoi cynnig go gryf ar gyfer ail gyfres. Y syniad ges i oedd gwneud rhaglenni ymhob un o'r gwledydd yng ngrŵp Cymru yn ystod Cwpan Rygbi'r Byd. Mi fyddai gan gyfres o'r fath fantais aruthrol am ei bod yn uno dau beth sy'n boblogaidd tu hwnt yng Nghymru, wrth gwrs, sef rygbi a physgota. Y gwledydd yn yr un grŵp â Chymru oedd Ffiji, Samoa, De'r Affrig a Namibia, pob un yn wledydd lle byddai digonedd o gyfleon i ddangos amrywiaeth o bysgota. Ond, yn anffodus, chafodd y syniad yna mo'i dderbyn oherwydd amseriad ffilmio cyfres mor uchelgeisiol. Mi gynigiais syniad arall ar gyfer ail gyfres 'Sgota wedyn, un a fyddai'n golygu teithio ar hyd rhai o ynysoedd gorllewin Prydain. Mi fyddai'n mynd o Ynysoedd Sili reit i fyny i Shetland. Mi gafodd y syniad ei dderbyn a dyna ddechrau gweithio ar ail gyfres felly.

Ar gyfer y rhaglen gynta, mi roedd Rhys a fi isio rhoi cynnig ar fod y bobol gynta ym Mhrydain i ddal siarc oddi ar y lan. Mi wnaethon ni drio gwneud hynny o Ynysoedd Sili, a hynny ar ôl gwneud gwaith ymchwil manwl er mwyn paratoi at y dasg. Roedd yn rhaid astudio siartiau amrywiol, tymheredd y dŵr ar wahanol adegau o'r tymhorau, amseru'r llanw ac ati, y cyfan er mwyn ceisio canfod pa bryd byddai'r siarcod yn debygol o fod yn agosach i'r lan. Ond er yr ymchwil a'r ymdrechion glew, wnaethon ni ddim llwyddo i ddal siarc oddi ar y lan. 'Mlaen â ni o fan'no i bysgota oddi ar ynysoedd Echni, Môn, Rathlyn, Heledd a Shetland. Mi wnaethon ni ymweld â phob un o wledydd Prydain felly.

Wedi'r ail gyfres, roeddwn i'n dechrau ailystyried y ffordd roeddwn ni'n cynhyrchu rhaglenni 'Sgota. Mi roedd yn well gen i weithio efo criw bach iawn er mwyn gallu bod yn fwy hyblyg i ymateb i bethau oedd yn digwydd wrth bysgota, yn enwedig ar y môr. Ond roedd gan y cwmni cynhyrchu ffordd arall o weithio. Doedd neb yn fwy iawn na'i gilydd. Dwy ffordd o wneud yr un peth oedd hi. Felly mi es ati i drio datblygu cyfres arall a fyddai'n cael ei gwneud mewn dull gwahanol i'r ddwy gyfres cynt. Byddai'r gyfres newydd, petai'n cael ei chomisiynu, yn mynd â ni i Awstralia ac yn cael ei darlledu i gydredeg â thaith rygbi'r Llewod yn yr haf. Ymgais arall i uno rygbi a physgota. Ac mi roedd yn ymgais lwyddiannus. Roedd pum wythnos o bysgota o'm blaen.

Roeddwn am fod yn rhan o'r broses o gynhyrchu'r gyfres hon a bod yn rhan weithgar o wneud y rhaglen. Roeddwn i hefyd am fod yn rhan o'r gwaith cynhyrchu ac roedd hynny'n golygu trafod manylion ymarferol y teithio a'r ffilmio, gan gynnwys trio taro bargen wrth drafod prisiau! Mi welwyd manteision cael criw dipyn yn llai ar gyfer rhan gynta'r daith yn Awstralia. Ar ôl cyrraedd, mi sylweddolon ni'n syth mai'r ffordd orau i ffilmio'r hyn oedd ei angen arnan ni oedd o awyren môr. Mi wnes i daro bargen efo'r perchennog ac i fyny â ni i ffilmio heb unrhyw drafferthion. Petai criw 'run maint â chriw'r ddwy gyfres bysgota gynta ganddon ni, fydden ni ddim wedi gallu ffitio yn yr awyren. Fel'na dw i'n hoffi gweithio. Un o fanteision eraill gweithio efo criw bach yw i ni lwyddo i wneud pum awr o deledu mewn pum wythnos, gan gynnwys teithio o gwmpas gwlad mor fawr ag Awstralia. Mi aethon ni o Tasmania i Sydney, Melbourne, Brisbane, Cairns, Darwin, Perth, Exmouth a mwy. Chawson ni'r un diwrnod i ffwrdd drwy gydol y cyfnod roedden ni yno. Os nad oedden ni'n ffilmio, roedden ni'n teithio. Ond mi roddodd y ffordd honno o weithio ryw egni a brwdfrydedd i'r gyfres a oedd yn amlwg iawn ar y sgrin yn fy marn i.

Mi roedd yna brofiadau anhygoel wrth fynd ati i wneud cyfres o'r fath wrth gwrs. Mae'n siŵr mai un o'r uchafbwyntiau oedd cysgu ar gwch am ddwy noson ar y Great Barrier Reef. Profiad bythgofiadwy oedd deffro yn y bore ar y Barrier Reef a gweld y môr yn pefrio'n las yn yr haul ac yn ymestyn o'n blaenau am byth. Yna, bydden ni'n bwrw ati i bysgota a dal baracwda, gweld siarcod, bwydo'r pysgod a mwynhau popeth arall sydd gan natur i'w gynnig yn y rhan yna o'r byd – gan gynnwys y crocodeils yn y corsydd ger Darwin! Roedd yr adrenalin yn pwmpio go iawn a'r cyfan yn rhan o'r bwriad oedd gen i wrth geisio creu cyfresi pysgota, sef dangos pa mor gyffrous mae'r grefft yn gallu bod. Mae'r ymateb rydw i wedi ei gael wedi i'r gyfres gael ei darlledu yn awgrymu'n gryf iawn i'r holl beth lwyddo, yn enwedig ymateb gan bobol wnaeth wylio'r rhaglenni nad ydyn nhw erioed wedi bod yn pysgota eu hunain. Roedd clywed eu sylwadau caredig a gwresog yn gwneud i mi deimlo dipyn gwell am y cyfnod pan oeddwn i'n byw yn Llanarthne ac yn cael llythyrau di-ri yn gwrthod fy syniadau am gyfresi pysgota. Mae wedi rhoi hwb i mi geisio datblygu syniadau pellach, yn y ddwy iaith, a gweld lle alla i fynd nesa, yn ddaearyddol ac o ran fy syniadau.

17

Allan o'r cysgodion

ACTIO. PYSGOTA. DAU beth sydd wedi rhoi siâp ar fy mywyd hyd yma wrth i mi droedio ar hyd llwybr bywyd. Caf fy holi'n aml ynglŷn â pha un yw fy ffefryn. Y gwir yw nad oes angen i mi ddewis rhwng y ddau. A dweud y gwir, fedra i ddim dewis treulio mwy o amser yn gwneud un yn fwy na'r llall. Os dechreua i ganolbwyntio ar un, bydd y llall yn cymryd drosodd. Os gwna i roi amser i ddatblygu'r syniadau pysgota sydd gen i, bydd y ffôn yn canu a chaf gynnig gwaith actio a hwnnw, fel 'dach chi wedi dallt erbyn hyn mae'n siŵr, yn aml yn golygu gorfod teithio i rywle pell ar fyr rybudd. Ofer fyddai dewis un yn lle'r llall felly.

Mae'r ddau fyd, y ddwy ffordd o weithio, yn wahanol iawn. Os oes gynnoch chi ddigon o amynedd, mae modd dyfalbarhau efo'r syniadau pysgota a chyflawni'r hyn roeddech am ei gyflawni. Gallwch gynllunio i bwy y byddwch yn cyflwyno pa syniad ac ym mha drefn rydych am weld pobl am y syniadau hynny. Ella ei fod o'n waith anoddach perswadio rheolwyr yn y byd teledu o werth cyfres bysgota, ond mae modd dal ati a chyflwyno'r syniad hwnnw i ystod eang o gwmnïau cynhyrchu mewn sawl gwlad a chael rhywbeth yn y diwedd.

Yn achos actio, does dim modd gweithio fel'na. Does dim modd cynllunio gyrfa yn yr un ffordd. Does dim modd datblygu strategaeth arbennig na chynllun gwaith. Ella bod rhai'n gwneud hynny, mae'n rhaid cyfaddef. Ond rhaid bod yn hynod fwriadol a hunanol wrth ddatblygu gyrfa actio benodol. Rhaid meddwl am neb arall ond chi eich hun. Yn sicr, mae mynd ati i gynllunio gyrfa actio yn fanwl a gofalus yn dipyn anoddach os oes gennych chi deulu hefyd. Mae'r rhan fwya o'r actorion sydd wedi gwneud hynny wedi bod yn hollol unllygeidiog yn ystod blynyddoedd cynta eu crefft, gan feddwl am neb arall ond nhw eu hunain, ac yna cael teulu yn nes ymlaen. Mi wnes i briodi a chael teulu yn gynnar iawn yn fy mywyd actio. Tydw i ddim yn dyfaru hynny am un eiliad, dim o gwbl. Y teulu ddaw gynta bob tro. Dyna sut ydw i fel person. Ond mae penderfyniadau personol ddoe yn cael effaith ar benderfyniadau actio heddiw. Hawdd iawn yw holi wrth edrych 'nôl beth fyddwn i wedi'i wneud petai pethau'n wahanol. Mi rydw i'n weddol sicr y byddwn i wedi mynd i fyw i America a datblygu gyrfa actio yno petawn i heb gael teulu. Tydw i ddim yn dyfaru na ddigwyddodd hynny, ond dyna sut dw i'n gweld y sefyllfa o edrych ar y ffeithiau moel. Yn anffodus, mae'r byd actio yn gallu dangos diffyg amynedd dybryd tuag at actorion â theuluoedd. Does dim ystyriaeth i'r ffaith bod gynnoch chi'r fath bethau â bywyd teulu a bywyd personol. Dyna'r argraff mae llawer o gwmnïau cynhyrchu yn ei rhoi yn y ffordd maen nhw'n disgwyl i chi ufuddhau i bob gorchymyn a chwim. Daeth hynny'n amlwg i chi wrth ddarllen fy stori mae'n siŵr.

Bu un enghraifft arall o hynny y flwyddyn cyn y ddiwetha ar ôl i mi orffen ffilmio'r gyfres ddiwetha o *Stella*. Roedden ni fel teulu wedi manteisio ar gyfle prin i fynd ar wyliau efo'n gilydd ac, unwaith eto, draw i Iwerddon â ni, i Baltimore. Cyn mynd, cefais glyweliad ar gyfer cyfres ITV newydd o'r enw *Life of Crime* ac mi gefais y rhan. Tra oeddwn yn Iwerddon, mi gefais neges i ddweud bod angen i mi fod yn Llundain ar gyfer *read-through* a hynny cyn bod y gwyliau'n gorffen. Doeddwn i ddim yn ddyn hapus o gwbl! Roedden nhw'n gwybod dyddiadau fy ngwyliau 'mlaen llaw, ond doedd dim modd newid eu meddyliau a bu'n rhaid i mi yrru ar hyd Iwerddon, croesi ar y fferi ac yna mynd yn syth i Lundain. Roedd rhaid dod â gwyliau pawb arall i ben hefyd wrth gwrs. Erbyn cyrraedd y *read-through*, fi oedd y cynta yno ac mi wnes i ddallt mai'r cyfarwyddwr castio oedd wedi mynnu fy mod i yno, nid y cynhyrchydd na'r cyfarwyddwr, a hynny yn enw rhyw *power games* bondigrybwyll ymhlith y tîm cynhyrchu. Mi wnaeth hynny i mi deimlo'n llawer mwy crac! Roedd wedi tarfu'n go sylweddol ar ein bywyd teuluol ni. Roedd y ffilmio ei hun, yn Nulyn fel mae'n digwydd, yn brofiad hyfryd ac mi wnes i fwynhau gwneud y gyfres yn fawr ar ôl hynny i gyd.

Ers hynny, mi gefais gais i gymryd rhan yn rhaglen ola trydedd gyfres *Stella*, er nad oeddwn yn ymddangos yng ngweddill y gyfres honno. Roedd hynny'n grêt, ac roedd hi'n hyfryd cael ailgydio yn y cymeriad a chael y profiad o weithio efo Ruth Jones unwaith eto. Mi wnes gryn dipyn o glyweliadau i gwmnïau yn America y llynedd hefyd. Dw i wedi dod yn giamstar ar ffilmio fy hun yn chwarae rhannau amrywiol ac yna anfon y tapiau i ffwrdd at gwmnïau cynhyrchu. Daeth un cais cyffrous iawn yn ôl oddi wrth neb llai na Warner Brothers y llynedd. Roedden nhw am i mi drio am ran Batman. Nid rhan yn y ffilm, ond rhan Batman ei hun! Roedd gofyn gwneud y clyweliad cyn i sgript y ffilm gael ei hysgrifennu. Felly, rhoddwyd sgript o *Dark Knight* i mi a golygfa lle roedd deialog rhwng Batman ac Alfred (a oedd yn cael ei chwarae gan Michael Caine yn y ffilm honno). Er mwyn fy helpu i baratoi 'mlaen llaw, mi wnaeth Ieuan ddarllen rhan Michael Caine i fy Batman i. Roedd hynny'n dipyn o brofiad! Mi aeth y clyweliad yn dda iawn, ond yn y diwedd mi wnaethon nhw ddewis Ben Affleck. Dyna un o'r achlysuron hynny lle roeddwn i'n hynod falch o fod wedi cael fy ystyried ar gyfer y fath ran yn y lle cynta.

Wrth i eiriau ola'r llyfr 'ma gael eu hysgrifennu, mi rydw i wedi ffilmio rhaglen Nadolig y gyfres *Stella* ac wedi dechrau ffilmio ar gyfer cyfres newydd hefyd. Mi rydw i 'nôl yn y gyfres go iawn ac mae Krazy Karl yn rhan o fy mywyd unwaith eto! Mi rydw i newydd orffen fy nrama radio gynta yn Saesneg i'r BBC ac mi roedd hwnnw'n brofiad cwbl newydd, un y gwnes ei fwynhau yn fawr am iddo fynd â fi i gyfeiriad gwahanol iawn.

Pwyslais mawr y llynedd i ni fel teulu oedd trio prynu tŷ. Mae wedi bod yn gyfnod anodd i ni o ran gorfod symud ryw chwe gwaith yn y ddwy flynedd ddiwetha, oherwydd trafferthion amrywiol sydd yn rhy ddiflas i'w cynnwys yn stori fy mywyd. Digon yw dweud i'r holl brofiad fod yn ddigon ansefydlog, i'r plant yn enwedig, ac maen nhw a Kim wedi dangos amynedd aruthrol. Yn arbennig pan ddigwyddodd damwain ofnadwy yn un o'r tai a gollyngwyd nwy *kerosene* drwy'r tŷ gan ddifetha ein holl eiddo. Bu'n rhaid i'r cyfan fynd i Loegr i gael ei lanhau'n broffesiynol. Mi fuon ni heb ein heiddo am flwyddyn gyfan. Bu'n rhaid i ni rentu tai i fyw lle roedd dodrefn yno'n barod am gyfnod. Mae'r cyfan drosodd erbyn hyn ac rydyn ni wedi prynu tŷ yn Nantgaredig ac mae setlo i gartre teuluol yn bosib bellach, diolch byth. Dyma'r math o sefyllfa sydd yn gefnlen i'r holl alwadau i fynd fan hyn a fan draw efo'r gwaith, a sefyllfaoedd nad oes gan y cwmnïau ddim diddordeb eu clywed.

Wrth feddwl am ystyried gofynion teuluol ochr yn ochr â gofynion actio, dydy o ddim yn iawn awgrymu bod cael teulu'n gwanhau uchelgais. Mae gen i ddigon o uchelgais ar gyfer y dyfodol. Mi rydw i'n mwynhau actio yn fawr iawn. Dw i wedi bod trwy ryw gêmau meddyliol o bryd i'w gilydd a dychmygu sut byddai fy myd heb actio. Petai rhywun yn troi ata i a dweud na fyddwn yn gallu actio mwyach mi fyddai'n ergyd drom. Byddai'n creu poen meddwl go iawn i mi. Ond ni fyddai'n ddiwedd ar fy myd. Mi fyddwn yn gallu defnyddio'r awydd sydd ynof ar hyn o bryd i greu, yr egni creadigol os liciwch chi, i ddatblygu syniadau ac i greu rhaglenni. Diolch byth bod actio yn magu a datblygu dychymyg rhywun a bod modd derbyn wedyn nad yw ateb o reidrwydd yn dod o un man. Does dim angen glynu wrth un set o ddeddfau a rheolau. Daw'r ateb yn aml o'r tu allan i'r bocs.

Mae un peth y byddwn wrth fy modd yn rhoi cynnig arno rywbryd yn y dyfodol, sef ysgrifennu. Mae gen i awydd cryf i sgrifennu dramâu comedi a dw i wedi dechrau rhoi ambell syniad i lawr ar bapur. Mae actio yn *Stella* yn rhywfaint o help i mi ddatblygu'r ochr yna o'm bwriadau ac mae actio mewn cyfres gomedi, efo'r syniad o sgrifennu rhywbath tebyg fy hun rywbryd, yng nghefn fy meddwl ac yn rhan o'r paratoi. Amser yw gelyn penna'r awydd yna yn anffodus, gan nad oes fawr ddim cyfle i eistedd mewn rhyw lonyddwch yn rhywle efo papur a beiro a sgwennu am oriau. Mi ddaw hynny gobeithio ond rhaid i mi beidio â rhoi pwysau arnaf fi fy hun i wthio'r sgwennu pan nad yw'n amser iddo ddigwydd. Fedra i ddim ffeindio geiriau gwell i ddisgrifio fy agwedd at y dyfodol na rhai Siôn, y mab ieuenga. Mae'n dweud wrtha i'n aml, 'Every day's a school day!' Os medra i gadw at hynny a dysgu rhywbeth newydd bob dydd, mi ddaw popeth yn ei oed a'i amser.

Wrth edrych yn ôl dros fy mywyd hyd yn hyn, dwi'n gweld i mi fod ar siwrna hynod o ddiddorol. Fyddwn i ddim wedi ystyried holl droeon llwybr fy mywyd, na'r hyn sydd wedi digwydd ar ei hyd, heb i mi orfod meddwl yn ôl a rhoi fy stori i lawr ar bapur. Mae wedi gwneud i mi feddwl o ddifri am y fagwraeth gariadus a gefais ar Ynys Môn gan rieni sydd wedi rhoi gwerthoedd da i mi fel unigolyn sy'n fy helpu i gario 'mlaen ar fy siwrna. O'r cychwyn, mae teulu wedi bod mor bwysig yn fy mywyd, fy nheulu 'nôl yn Sir Fôn a fy nheulu bach i lawr yn fama yn Nantgaredig. Dwi fel tad mor falch o Ieuan, Mared a Siôn ac mae Kim yn fam a gwraig arbennig sydd wastad wrth fy ochr, y *First Mate* gorau yn y byd trwy fordaith hir a chymhleth bywyd. Y teulu yw'r angor.

Yn ogystal â'r teulu, daw ffrindiau i gymryd eu lle wrth fy ochr ar y llwybr. Mi fyddan nhw'n ymddangos ar adegau gwahanol wrth i droeon amrywiol bywyd gael eu cyflwyno i fy stori. Y cynta, wrth gwrs, yw ffrindiau plentyndod sydd wedi troi'n ffrindiau am oes – Arwyn, Eifion, Lish, Glyn, Iwan a Robert Wyn. Atyn nhw mi ddaeth ffrindiau newydd ar fy nhaith, fel Rhys Llywelyn, Andrew Alsop a Ryland Teifi. Oherwydd natur fy ngwaith, dwi'n dod i nabod llawer o bobol ac mae nifer fawr yn dod yn ffrindiau. Mae gormod i'w rhestru fan hyn a dwi wastad yn ddiolchgar am eu cyfeillgarwch a'u cymorth.

Daeth pwysigrwydd lle yn amlwg hefyd wrth orfod edrych yn ôl. Hogyn o Sir Fôn fydda i am byth ond mae Nantgaredig a Sir Gaerfyrddin yn rhan anferthol o fy mywyd ers 10 mlynedd. Aelodau fy nheulu fu'n gyfrifol am fy arwain at Nantgaredig, teulu Old Oaks fel 'dan ni yn eu galw, sef fy Yncl Nigel, Anti Ann a fy nghyfnitheroedd Cathryn, Fiona a Helena. Mae Anti Ann a fy mam yn gyfnitheroedd cyfain a thrwyddyn nhw roedd gen i gysylltiad teuluol â'r pentref ers dyddiau fy mhlentyndod. Wrth setlo mewn ardal newydd daeth rhagor o ffrindau i'n byd. Ac mae gen i ffrindiau arbennig fel Robert Williams a'i deulu sydd wedi bod mor garedig i ni i gyd ers i ni gyfarfod 12 mlynedd yn ôl ar ôl i Grav ein cyflwyno. Rhaid sôn hefyd am Glwb Rygbi Nantgaredig, Tafarn y Railway a ffrindiau da fel Mike O'Leary, Simon Wright a nifer o gymeriadau yn y pentref sydd wastad yno i ni yn cynnig cymorth a chefnogaeth, yn enwedig i'r teulu pan fydda i'n gweithio dramor.

Dyna stori fy siwrnai felly. Pwy fyddai'n meddwl? Mi gamodd yr hogyn swil o'r ochrau i ganol y llwyfan. Mi ddechreuodd yr hogyn sâl, a oedd yn cael aer y môr i fewn i'w ysgyfaint gwan ar greigiau Ynys Môn, wneud rhaglenni am y diddordeb a ddaeth â chymaint o bleser iddo tra oedd yn ymddangos allan o'r cysgodion.

Llinellau tyn!

Julian

Gorffennaf 2014

Am restr gyflawn o lyfrau'r Lolfa, mynnwch
gopi am ddim o'n catalog
neu hwyliwch i mewn i'n gwefan

www.ylolfa.com

lle gallwch archebu llyfrau ar-lein.

TALYBONT CEREDIGION CYMRU SY24 5HE
ebost ylolfa@ylolfa.com
gwefan www.ylolfa.com
ffôn 01970 832 304
ffacs 832 782